女ひとり永田町を走り続けて50年

角栄、慎太郎、ゴルバチョフから学んだ智恵

吉川稲
「吉香」創業者・会長

中央公論新社

はじめに

現在では、多くの外国の方が日本を訪れています。2019年は3188万人の方が日本に来られました（日本政府観光局調べ）。インターネット全盛の現在では、訪日外国人の方は、皆さん、それぞれにフェイスブックやインスタグラムを通じて、旅先での日本人との出会いを写真におさめ、日本人が長年、育んできた慎み深さ、やさしさ、美しさを発信してくださっています。

私が、有限会社（のちに株式会社に変更）「吉香《きっこう》」を始めた頃は、日本に来られる外国の方は、政府の関係者や大きなビジネスをされている一部の方ばかりでした。この方々、そしてご家族が、日本で出会う人々や一つひとつの経験を通じて日本という国を理解し、日本の印象を母国に持ち帰り、それがひいては、日本との外交政策に反映されていく――そういう時代でした。

第2次世界大戦を経験し、戦後の世界の平和を強く願う一人として、私は当時、日本に来られる外国の政府やビジネスの方々に、本当の日本の美しさや、日本人のそなえた美徳を感じ取って母国に帰っていただきたい、そのためには、日本で出会う人々のなかでも、特に直接に接触する機会の多い通訳者やアテンダント（一般的にコンパニオンと呼ばれていた女性たち）の育成・企業への派遣を進めることがより重要になってくると考え、吉香を設立いたしました。

通訳者やアテンダントの育成・派遣において忘れてはならないのは、帰国子女の皆さんです。戦後の日本経済の発展に伴い、中央官庁や大手企業で働く方々が海外にご家族を連れて駐在されるようになりました。当然、お子さんは現地の学校に通うようになります。現地の教育を受け、人種を超えた友情をはぐくみ、その土地の文化を吸収し、将来の日本の国際交流を担うことのできる有望な若者——それが、帰国子女の皆さんでした。

しかし、当時は、ご両親の赴任が終わり、いざ日本に帰国した際、お子さんの学校の転入先を探すことさえ難しい状況でした。さらに、日本で学校を卒業しても、帰国子女の皆さんに対する偏見（協調性に欠けるなど）から、就職先を探すこともままならないほどでした。そのような状態を見るにつけ、日本人と外国の方々との深い信頼関係を築くには、各地で生活をした体験によって、相手の国の言葉、文化への深い理解を得た帰国子女の皆さんに活躍していただくのが最善であり、帰国子女の皆さんを通訳者やアテンダントとして育成し、企業などに派遣することが社会の役に立つことと思い、これまで歩んで参りました。

日本経済におけるインバウンド消費の比重が年々、高まっています。国をあげて「おもてなし」の心を大切にし、日本へ外国人の方に来ていただこうという各所での取り組みを見るにつれ、私が40年前に抱いた理想は、あながち間違いではなかったかな、との思いを強くするこの頃です。

２０２０年は、56年ぶりのオリンピック・パラリンピックが、東京で開催されます。世界各国から日本に来られる方々が、日本人のみならず世界の人々との交流を通じて、素晴らしい思い出を母国に持ち帰り、ご自分の家族や友人、知人の方々とお土産話に花を咲かせてくれることで、日本の印象が高まり、さらに日本という国の存在感が大きなものとなることを願っています。

目次

編集協力　仮野忠男（株式会社 吉香　顧問）
株式会社 ウィザス
装幀　山影麻奈

女ひとり永田町を走り続けて50年

――角栄、慎太郎、ゴルバチョフから学んだ智恵

序章　永田町から始まったビジネス

「私を育ててくれたのは永田町です」

東京都千代田区永田町には、国会議事堂、衆議院議員会館、参議院議員会館、内閣総理大臣（首相）官邸や各政党の本部があり、その他に、国会図書館や報道関係者が出入りする記者会館もあります。国の中枢と言っていいでしょう。また、隣の千代田区霞が関には日本の行政機関の各省庁が建ち並んでいます。

私の人生はこの永田町とともにありました。

今から50年前、この永田町で、佐藤栄作内閣総理大臣の派閥担当秘書として働き始めました。続いて、やはり永田町にあった弁護士事務所で働いた後、永田町に「吉香」を創立しました。それだけにこの地との深い縁を感じます。

吉香は言語を専門とする人材派遣を中心に、総合的な人材サービスを提供している会社です。また、衆議院第1議員会館内にある「外国語センター」

も運営しています。同センターでは政治家や各省庁からの通訳や翻訳の依頼に加え、演説のテープ起こしや語学のレッスンなども行っています。

私が勤め始めた当時、佐藤総理の派閥は「木曜研究会」と呼称し、永田町の全国町村会館というビルの中にありました。橋本登美三郎衆議院議員が代表世話人を務め、会合には田中角栄、竹下登、橋本龍太郎、小渕恵三、羽田孜、小沢一郎議員ら１００人を超える政治家が一堂に会し、それはそれは圧巻でした。

仕事を通じて佐藤総理以降の歴代総理にお目にかかる機会もありました。すでに多くの方々が鬼籍に入られてしまい、時の流れの速さを痛感しています。

「正月は迎えられるか」と田中角栄氏の一言

思い出は数多くありますが、ひとつだけと問われたら、40年前、故・田中角栄先生から言われたひとことを挙げたいと思います。

会社を設立した年の暮れでした。たまたま仕事でホテルニューオータニへ行った際のことです。暮れのホテルは人でにぎわっていました。ふと振り返ってみますと、だいぶ離れてはおりましたが、ホテルで用事を終え、お帰りになる田中先生が車に乗られるところでした。礼儀としてお見送りしようとした時のことです。

私に気づいた田中先生から手招きされましたので、近づきますと「正月は迎えられるのか。いつでも何でも言って来いよ」と、微笑みながら声をかけてくださったのです。

経営者として年を越すことの重みをまさに痛感していた時期でしたから、お見送りの後、涙が溢れ出て止まりませんでした。

もしも儀礼的にかけてくださっただけの言葉だったならば、心が揺さぶられることはなかったでしょう。本心でそう言ってくださっているのを感じたからこそ、その言葉は私の記憶に深く刻まれたのだと思います。

何かあったら先生は必ず私の力になってくださる――。

心の底からそう思えたからこそ、ささいなことで煩わせては申し訳ないと思い、その後、実際に何かをお願いすることはありませんでした。

このことをある時、知り合いの記者に話したら、「そう言われてすぐ頼みに来るような人に、オヤジはそんなことを言わないよ」とも言われました……。

そうかもしれません。

田中先生は、当時の永田町では大変珍しかった私のような駆け出しの女性経営者にお声を掛けてくださいました。外国の要人やそのご家族、さらには国内の人々の接遇に奔走している私の姿、さらには微力ながらも、人と人との出会いを通じ日本から世界へ情報を発信しようとしている私を思い、応援してくださったのだと思います。「戦後の大政治家」「気配りの人」と言われるゆえんを感じた瞬間でもありました。

ガラスの天井に必死でチャレンジ

田中先生の励ましはあったものの、私が吉香を創業したばかりの頃は、女性が仕事をすることが、まだまだすんなりと受け入れられる世の中ではありませんでした。ましてや会社を経営している女性など、本当に少なく、そのせいか、〝ガラスの天井〟にも苦労しました。

たとえば、ある大手財閥系金融機関に、当社を使ってほしいと営業を続けていた時のことです。必死に営業をかけても、なかなか突破口が開けません。ある日、同じグループ企業の方から、「副頭取が猛反対しているらしい」と教えられました。その反対が、大きな障害になっていたのです。

私はその副頭取とはお目にかかったことも、お話ししたこともありませんでした。それなのに、当社と取引をすることに関して強硬に反対されているというのです。「あの人、グループ内でもうるさ方として知られているから、なんとかして攻略しておいたほうがいいよ」と別の会社の方から教えていただきましたが、理由もわからず、どうしていいのか途方に暮れてしまいました。

糸口を見つけられないまま悩んでいた時、その方が載っている新聞記事を目にしました。無我夢中でしたから、記事がパッと目に飛び込んできたのでしょう。添えられた写真を見て「この方だ」と気づきました。

とっさに、ある考えが思い浮かびました。「そうだ、記事を拝読しましたと手紙を送ってみよう」と思ったのです。

それからは毎朝、新聞や経済雑誌にくまなく目を通し、その方の記事が載っていないかどうかをチェックしました。記事が出ていたらすべて拾い、その一つひとつに感想文を書き添え、手紙を送ったのです。

相手は有名な方ですが、私にはまったく面識がありませんでした。文章の書き方にも悩みました。あまり生意気なことを書いてもいけないし、かといって、幼稚な感想文では失礼にあたり、相手にもしてもらえません。いかにも営業のために書きました、というのでもいけないでしょう。できるだけ差しさわりのないことを書きつつ、こちらの誠意が伝わる書き方をしなければなりません。毎回、知恵を絞り、それはもう悩みに悩みました。

当然ながら返事は来ません。それでも気にせず、黙々と手紙を書いて送り続けました。

するとどうでしょう。1年が経った頃、副頭取の態度が一変し、吉香を応援してくださるようになったのです。

以来、その金融機関との取引はもちろん、グループ会社も次々と紹介していただけるようになりました。その副頭取はすでに引退して亡くなられましたが、会社との取引はお陰様で今も続いています。

永田町で学んだビジネスの基本

「魑魅魍魎《ちみもうりょう》が跋扈《ばっこ》する永田町で、よくそんなに長く会社を経営できたね」

と言われることも多いのですが、私はむしろ、社会人としての一歩を永田町で踏み出していなかったら、今日の私はなかったと思っています。

振り返ると、永田町は私にとって、会社を経営するのに必要不可欠な人間力を養う場でした。

・礼儀、恩義を大切にする。
・口が堅いこと（あちこちで、あちらがどうのこちらがどうの、と言わない）。
・分け隔てなく人と接することが重要。その方の地位の高低で付き合う、付き合わないを決めない。
・回り道でもこつこつ行動する。
・慢心が一番の敵。
・自分を取り巻くすべての存在に対して感謝の気持ちを忘れない。

以上はどれも私が永田町で学んだビジネスの基本です。
この本では、私が政官財界一流の方々との交流を通じて学んできたことを、私自身の失敗と成功を交えつつ、読者の皆様にお伝えしたいと思います。

この本を読んでくださった皆様が、これから歩まれる人生の中で、少しでも何かの参考にしていただけましたら、これ以上に嬉しいことはありません。

第1章

「佐藤事務所」で学んだ人間力

「信用」が、出会いを「おつきあい」に変える

この世に奇跡があるとしたら、それは人と人との出会いだと聞いたことがあります。その出会いを大切にして「誠心誠意」「恩義を忘れないこと」を大事にして、日々生活してきました。

みなさんの人生にも数多くの出会いがあることでしょう。ただし、他人を見極める感性を磨かなかったり、また本当に大切にしないと、1回きりで終わってしまう出会いがほとんどです。

せっかくの貴重な出会いを、継続的な「おつきあい」へと変えていくコツは何でしょうか?

それは「信用」だと思います。

信用を得るのに特別な才能は必要ありません。

組織の秩序を知り、自分の立ち位置を知り、礼儀・恩義を忘れず、当たり

前のことを愚直にコツコツ積み重ねていくこと――。

私がその大切さを学んだのは、佐藤栄作総理大臣の事務所に勤めた時のことでした。

断れなかった面接が運命を変えた

私は中学校の頃から「川女（川越女子高等学校）から東京教育大学（現筑波大学）に進学して教師になる」ことを先生や周りから勧められていました。しかし、高校卒業を前にした時に、私の母は「先生になってしまっては嫁にいかなくなるのでは」と心配しました。その当時の女の先生は、ほとんどが独身でした。母はそれを見ていたからかもしれません。また母のそれまでの苦労を知っていた私は、東京教育大学に進学したいと、強くは言えませんでした。早く結婚してほしいという母の願いもあり、花嫁修業にと、2年制の家政科に入ったのです。

時代の流れで、今では短大がほとんど無くなりましたが、当時の田舎の女性には主流の進学先でした。後に4年制の大学に行けば良かったと後悔した時もありました。しかし、もしそうしていたら、別の道を歩んでいたでしょう。今になって振り返ると、さまざまな体験から、人生はその人に合った道を選択させるものだと感じます。今の私はこの道を選択したからこそあるのだと思っております。

このように花嫁修業の日々を過ごしていたある日、地元選出の自民党衆議院議員の後援会長を務める従兄弟から、「時局講演会を開くので手伝ってほしい」と頼まれました。

政治のことにそれほど強い興味や関心があったわけでもありません。親戚に頼まれたから仕方がない、くらいの軽い気持ちで、当日、手伝いに行きました。

講演会には派閥の国会議員や秘書さんたちも来ます。そのなかに、私の姿を見てくださっていた方が何人かいたようです。しばらくすると自宅に電話がかかってきて、佐藤事務所に勤めないかと誘われるようになりました。

その衆議院議員や親戚の中には、「政界で仕事をしたらお嫁にいけなくなるからやめておけ」という人もいましたし、私自身も当時はお勤めする気はありませんでしたから、電話がかかってくるたびに丁重にお断りしていました。

それでもなぜか、入れ替わり立ち替わり電話がかかってきます。あまりにも頻繁に電話がかかってくるものですから、さすがに「このままでは申し訳ない。こちらから出向いて断らないといけないだろう」と思うようになり、ある時、永田町にある佐藤事務所へ参りました。

訪問してすぐに圧倒されました。なにしろ私のような小娘ひとりに、男性8人くらいがずらりと居ならび、その場で面接が始まってしまったからです。なかには、後に内閣総理大臣となられた竹下登先生もいらっしゃいました。

内心、「どうしよう……」とうろたえ、身が縮む思いでした。一つひとつの質問に、小さな声で「はい……」と答えるのが精一杯。とても、「断りに

お茶の先生と。花嫁修業をしていた20代の頃

来ました」などと言い出せる雰囲気ではありませんでした。

　最初から8人も並んで待っていたということは、もしかすると事務局は私が断るつもりで来たことなど重々承知の上で、断りづらい雰囲気を作ったのかもしれません。今ならそんなふうに想像もできますが、当時の私には、そんなことを考える智恵も余裕もありませんでした。

　断りきれないまま事務所を出たものの、どうしようと悩み、考えながらその足で従兄弟が後援会長をしていた衆議院議員の事務所に立ち寄り、事情を説明した上で、「すみませんが、先生の方から改めてお断りしていただけませんでしょうか」とお願いして帰りました。

　ところが、です。今度はその議員から「うちの顔を立てて、半年でも3ヵ月だけでもいいから通ってくれないか」と、逆にお願いされてしまったのです。

　とにもかくにも、断れなかったのは私の責任です。「その衆議院議員の顔が立つならば」と、3ヵ月か半年間くらい勤めたら辞めるつもりで、佐藤事務所に入ることにしました。

知らない間に身元調査も済んでいた

これは後でわかったことですが、佐藤事務所ではその頃、ちょうど秘書を探していたそうです。そこに折良く現れたのが私だった、というわけです。講演会で受付をしていた私を見て、来ていた秘書さんたち何人かが「あの子はどうか」と推薦してくださったようでした。

佐藤事務所といえば、時の総理大臣の事務所です。国家公安委員会を使っての思想・身元調査もすでに済んでいました。そのことがわかったのも、だいぶ後になってからのことです。

たとえ秘書でも、普段であれば、先生の机の引き出しを開けることなどは決してしません。しかしある時、派閥事務所の代表世話人だった橋本登美三郎議員の依頼で同議員の机の引き出しを開けて書類を探していた際、偶然にも、私自身の身元調査記録が出てきたのです。

私の兄は地方公務員をしていたのですが、ある時、警察関係者に「お宅で何かあったのか？」と聞かれたことがあったそうです。何のことやらわからないまま、よくよく話を聞いてみると、私が佐藤事務所に勤める頃と時が一致していたようです。どうやら、親族のことまですべて調べ上げられていたことがわかりました。

今ならば大問題になるのでしょうが、当時はただひたすら驚き、「秘書一人を探すのにここまでするものなのか」と思ったことを覚えています。

ただし、それはその時の総理大臣の事務所だったからかもしれません。

これは会社を経営するようになってからのことです。ある政治家の事務所から秘書を紹介してほしいと頼まれたことがありました。「この女性なら」と思い、また本人に聞いてみると興味があるとのことでしたので、ご紹介しました。しばらく待っても返事がないため、もしや身元調査で何か引っかかったのかと不安になり聞いてみたところ、「えっ、今はそんなことしないよ。

うちが断られたのかと思った。うちに来るように伝えてください」と言われて驚いたことがあります。

ですから、今はそこまで綿密な調査はしないようです。私の身元を詳細に調べたのは、時代的なことが影響していたのだと思いますが、父の実家の吉川家が（今でもやっておりますが）特定郵便局長をしていたことも、信用につながったのかもしれません。

末席でも秘書は秘書

時の総理大臣の事務所ですから、事務所は1ヵ所だけではありません。その頃は地元を含めて複数の事務所があり、地元の秘書もすべて合わせると、秘書だけでざっと30人くらいはいたでしょうか。ただし、私が通っていた派閥事務所にいたのは、私ひとりでした。

佐藤事務所には当時、大番頭（大物秘書）が2人いて、私を面接した時の筆頭秘書は大津正《おおつただし》さんという方で、もう一人は派閥担当の稲葉澄雄《いなばすみお》さんという方でした。私は派閥担当秘書の末席でした。

稲葉さんはかなり厳しい方で、秘書仲間からは「瞬間湯沸かし器」と恐れられていました。特に厳しかったのは礼儀作法と言葉遣いです。お客様が来たら、全員、すっと立ち上がる。敬語を使うのはもちろんのこと、言葉遣いに関しては、「〇〇は」と「〇〇が」では意味が違うのだという細かなことまで、厳しく教わりました。

あまりの厳しさに涙を流す女性秘書もいたようです。一時期、「トイレで泣いているのは佐藤事務所の秘書ばかり」と有名になったほどで、彼の下では何人もの秘書が辞めていったといいます。

それほど厳しい方だったのに、不思議と私はあまり怒られませんでした。他の方々が注意を受けている言葉を聞いて勉強させていただいたからかもしれません。だんだんと、稲葉さんが言っていることは筋が通っていると感じるようになりましたし、厳しいとは思いつつ、理解はできました。

また、私のような末席でも、秘書は秘書です。それも人様から見たら、総理大臣秘書になるわけです。

そのため「新聞記事にでもなれば、末席の秘書でも『佐藤栄作総理大臣秘書』と書かれてしまうぞ。決して先生に恥をかかせたり、迷惑をかけたりしてはいけない」と、責任ある立場であることを強く教えられました。

稲葉さんが秘書に厳しく接する根底には、そのような先生への配慮があったのです。

またたとえ一女性の言動であっても、海外の人から見たら「日本の女性は……」と思われてしまう、だから自分の言葉と行動には責任を持ちなさい、とも教えられました。

口が堅いことも、秘書に求められる重要な条件のひとつです。仕事柄、ほかの先生の事務所をお訪ねすることもありましたが、ある先生の事務所で耳にしたことを軽々しく別の先生の事務所で話すことなどは、当然しません。

派閥の違う議員に関わる話を軽々しく口にすれば、「総理の事務所の人間が来てああ言った、こう言った」と尾ひれが付いて伝わってしまいます。それは絶対に避けなくてはならないことでした。会社員でも同じでしょう。またどの議員がどの派閥に所属しているのか、ということも頭に入れておかなくてはなりませんでした。

秘書同士の個人的なつきあいは御法度

佐藤事務所の厳しい秘書官に私があまり怒られなかったのは、周りをよく観察していたからかもしれません。電話でのやり取りや、他の人が怒られているのを聞いて、「ああいうふうに言ったら怒られるんだな」「こんな行動を取ったら逆鱗に触れるな」ということが、なんとなくわかりました。

ですから、「ああしたらいい」「こうしたらいい」と怒られる前から思いを巡らせ、自分なりに先回りして考えながら、慎重に行動しました。

私は末端秘書ですから、佐藤総理と言葉を交わす機会は当然、そう多くありませんでした。ただし、先輩秘書から頼まれて、時々、総理の部屋へ書類を届けに行くことはありました。

そこには総理に直接会わせてあげたいという先輩の気配りもあったでしょうし、また、男性が持っていくと怒られそうな内容が書いてある書類だった時もあったようです。総理は男性には厳しかったのですが、女性に対しては決して怒らない方でした。私に書類を持っていくよう頼んだ方は、後で怒られるにせよ、私が持って行ってワンクッション置くことで、十怒られるところを六で済むというような効果を狙っていたようです。

また総理はとても無口な方でもありましたから、書類をお渡ししても「うん」とひとことおっしゃるだけでした。後に世田谷区代沢にあったご自宅でお手伝いする機会が多くありましたが、総理がいらっしゃるかいらっしゃらないかはほとんどわからないくらい、とても物静かな方でした。

また、佐藤事務所では、ほかの議員の秘書さんたちと個人的に親しくすることも極力、禁じられていました。というのも、こちらとしては秘書同士が個人的に親しくしているつもりでも、外部の方から見たら、議員同士が親しいと誤解されてしまうからです。

そう言われると秘書同士で気軽に食事にも行けませんでしたし、行ったら、2、3日のうちには必ず把握されていて、秘書官から「どこへ行ってきたの?」と聞かれました。

木曜研究会の事務局を任されて

その頃、佐藤派の「木曜研究会」では毎週木曜日に勉強会を開いていました。佐藤事務所に入った私は、後にその事務局を任されるようになりました。

上司となる秘書はいましたが、ふだん事務所にいるのは私だけ。来客があればお茶をお出しし、会議の出欠を確認したり、お昼にかかる時は、お弁当を用意したり、勉強会で講師を呼ぶとなればその手配をするなど、様々な仕事をしました。最初のうちは落選した大物議員の秘書さんなどが手伝いに来ていて、彼らの様子をうかがいながら、見よう見まねで仕事を覚えていきました。

佐藤派は当時、自由民主党の最大派閥でした。一番多い時では110人を超える先生が集まっていました。勉強会に参加する先生のお名前を間違えたら一大事です。時間があれば『国会便覧』を開き、先生方の顔とお名前を覚えました。最初は「大変なところにお勤めに来ちゃったなあ」と思ったのですが、「やるからにはやらねば」と気持ちを切り替えました。

午前9時に出勤すると、新聞全紙に目を通します。まずは見出しだけを流し読みし、気になる見出しがあれば記事内容を細かく確認します。新聞を読むのは政策に関する勉強会を企画するためでもあります。時局を知り、その時々で話題になっているテーマを把握し、橋本代表世話人や先輩秘書に相談、許可を得て講師に連絡を取り、勉強会にお招きします。お招きする講師は学者や官僚、財界のトップの方々がほとんどでした。

できるだけ話題となっているテーマの話を聞くため、アポイントメントを取るのは1ヵ月前くらい。アンテナを張り、こういう時はこういう講師をお招きしようと考えるのは楽しかったですし、勉強にもなりました。政策に直結する話ですから、断られることはほぼありません。申し込むとほとんどの方が快く引き受けてくださいましたし、日程が合わない場合でも翌週に来てくださるなど調整してくださいました。

食事の好みもインプット

勉強会はたいてい昼に開かれます。世話役を任されていた私は、時間に合わせて事前にお茶とお弁当を用意しなくてはなりません。毎回、同じような仕出し弁当では飽きてしまいます。秘書仲間と情報交換をし、美味しそうな店があればリストアップし、時にはカレーや洋食なども織り交ぜながら、参加する先生が飽きない工夫をこらしました。先生方の好みもインプットして、好き嫌いのある先生がいれば、その先生には違うメニューをお出しするなどの気遣いもしました。

また国政選挙ともなれば、木曜研究会の事務局がある全国町村会館に選挙対策本部が設置され、期間中は議員の秘書も含めて大勢が泊まりがけで仕事をします。みなさん、本部を拠点にそれぞれの選挙区に散り、情報を集めて戻ってきます。ピリピリしたムードが漂うなか、できるだけ場を和ませたいと思い、夜の食事の時にゆで卵に顔を描いて笑わせたり、皆様の好みの餃子などを差し入れしたりしました。

最初は政治のことなど興味のなかった私ですが、そのうちにだんだんと仕事にのめり込んでいきました。勉強会を企画するのはおもしろく、いらっしゃる講師の方々の話を漏れ聞くのは刺激になりました。みなさん政策についてとても熱心に勉強し、議論されていたのを印象深く記憶しています。

事務所にはよく新聞記者たちも出入りしていて、そこで耳にしたことが翌日の朝刊に載っていて驚いたのも一度や二度ではありません。政治を動かす醍醐味を目の当たりにした私は、永田町の雰囲気にすっかり魅了されてしまいました。

厳しく教えられた言葉遣い

秘書として仕事をする上で、事務所に入る以前にお茶やお華を習っていたことも、もしかしたら役に立っていたかもしれません。いらっしゃるお客様のほとんどは国会議員ですから「失礼があってはいけない」と、言動には大変気を遣いました。

佐藤事務所では、「正しい言葉遣いは礼儀であり、そして、また礼儀を知ることは、人としての道を知ることだ」と教わりました。先に述べました通り、書き言葉にせよ話し言葉にせよ、「〇〇は」と「〇〇が」の違いに至るまで、言葉遣いに関してはとても厳しく教えてくれました。

後に触れますが、私が理事長を務めていた「世界平和文化交流会」で『国家の品格』というベストセラーを書かれた数学者でお茶の水女子大学名誉教授の藤原正彦先生に基調講演をお願いしたことがあります。その時、教授はこんなことをおっしゃいました。

「国語こそがすべての知的活動の基礎であり、美しい情緒を育てるための主力です」

また、こんなふうにもおっしゃいました。

「読み物を通じ、家族愛、郷土愛、祖国愛、人類愛という四つの愛を育てることもできます。このどれが欠けていても、世界に出た時に信用されません。国際人になるために、国語は英語よりはるかに大切なものです」

後に私自身、次の時代を考え、帰国子女の方たちに働く場を提供したいと、縁あって通訳・翻訳を請け負う会社を経営することになるのですが、その体験を通じ、藤原教授のおっしゃることはとてもよくわかりました。

真の国際人とは、外国語を駆使できる人のことではなく、自分自身がしっかりと日本の正しい歴史を知り、日本の精神に裏打ちされた価値観を持ち、正しい日本語が使える人のことです。優れた通訳者ほど日本語を大事にします。自分の依って立つ文化を深く理解していなければ相手の文化も理解できないでしょうし、国際交流もままならないでしょう。

五・七・五で世界を凝縮して表現する俳句や、五・七・五・七・七の和歌などに触れると、日本語の素晴らしさを再認識します。優秀な通訳者の中には、短歌を習得している人もいると聞きました。「言葉は人なり」と申します。言葉はその人を表す大変重要な要素であり、その人の「品格」を表します。また、日本語の乱れは人心の乱れに通じ、国の乱れにも通じるともいいます。ニュースを通じて耳に入る昨今の驚くような悲惨な出来事の数々も、日本語の乱れと無縁でないような気がするのは、私だけではないと思います。

人としての道を知ることが信用につながり、信用の積み重ねによって、人とのつきあいも、仕事の幅も広がるものです。これという社会人教育を受けたことのない私が今日まで事業を続けて来られたのは、佐藤事務所で受けた厳しい教育のおかげだと思っています。

国家の一大事に写経する佐藤総理の姿

ご自宅を訪ねても、佐藤総理はいらっしゃるか、いらっしゃらないかわからないくらい物静かな方だったということは、先にも述べました。一方で、奥様の寛子夫人がいらっしゃるかどうかは、すぐにわかりました。

いつもかかとの高さが1センチくらいある革のスリッパを履かれていて、ご自宅を訪ねた際、パタパタパタパタッという独特のリズミカルな足音が聞こえてくれば、「あ、奥様がいらっしゃる」とわかるのです。

秘書をしている間、佐藤総理とお話しする機会はほとんどありませんでしたが、寛子夫人にはかわいがっていただきました。のちに私が起業した際も、「よかったら、私、海外のプロトコル（国際的な外交儀礼）を教える講師として行ってあげるわよ」と声をかけていただきましたし、パーティー会場などでお目にかかると、「うちにいた吉川さんが今、会社をやっているからお願いね」と、政治家の奥様方に紹介してくださいました。

佐藤総理にお仕えしていた頃のことで、今でも鮮烈な記憶として残っているのは、総理が写経をなさるお姿です。

先輩秘書から、「佐藤総理は国家の一大事を決める時、必ず自室にこもって一心に写経をする」という話を聞いてはいました。ただし、私自身がそれを目にする機会はほとんどありませんでした。

実際にそのお姿を拝見する機会を得たのは、1974年、ノーベル平和賞の受賞が決まってからです。

その頃、佐藤元総理はすでに内閣総理大臣を辞職しており、私は私的な秘書として世田谷にある佐藤邸に通い、客人の応対などをしていました。

近づきがたい雰囲気とでも申しましょうか、佐藤元総理が写経をなさる、その後ろ姿が垣間見えた時になんとも言えない風格と威厳を感じました。

「写経」というと、堅苦しい感じがして苦手だという方がおられるかもしれません。しかし、最近は若い方でも、日々のストレスを忘れたい時や、心を

佐藤栄作元総理のご自宅玄関にて

スッキリさせたい時などに写経をなさると聞いたことがあります。日々忙しく過ごされている経営者の中にも、精神を集中させるために写経をしたり、座禅を組んだりする方がいるようです。写経は目まぐるしく移り変わる社会の中で、自分の心境を静かに見つめるための、良い時間になるのかもしれません。多忙な日常から離れ、たまには墨をすり、筆を取ってお習字をしてみる。私心を一切排除して、無心になる時間を作ってみる――。それだけで、ざわついた心を落ち着かせる効果があるのではないでしょうか。私自身も時々、写経をしたことがありました。

リーダーとしての心構えを学んで

佐藤総理に関して言いますと、ご自分の判断が国の行方を左右するとなれば、その緊張感と使命感はいかほどだったか、と想像します。「無私無欲の精神」に近づこうと物静かに写経をなさるお姿を拝見し、総理はリーダーとして、ずっとこんなふうにして国を動かしていらしたのだな、とリーダーとしての心構えを暗黙のうちに教えていただいたように思いました。このように佐藤総理の精神を学ばせていただいたことが、後に経営者になった私の大きな力となり礎になったのだと思います。佐藤総理からリーダーとしての責任の重さ、人間力の必要性などを強く強く感じさせていただきました。

事務所に入った時には３ヵ月か半年勤めて辞めるつもりでしたが、結局、１９７５年６月に元総理がお亡くなりになり、その葬儀やもろもろの事後処理が終わるまで、後半は不定期ながら秘書の仕事を続けました。

先にも書きましたが、元総理が逝去された後、１９７９年６月に起業するまで、永田町にある弁護士事務所に勤めました。

「赤ひげ先生」ではありませんが、弁護士になれば「世のため人のために働けるのではないだろうか」と思い、見習いをしながら、弁護士になるための勉強を始めたのです。

しかし弁護士の仕事は容易なことではありません。すぐに自分には「向いてない」とわかりました。勤め始めて約1年後のことです。

決断をするのも早ければ、諦めるのも早いのが私です。洋服を買う際すぐに決断してしまうものだから、店員さんによく、「吉川さんが買うか買わないかは、すぐにわかります」と笑われたこともあります。

この時も「向いていない」とわかるや否や、弁護士への道をすぱっと諦めました。

第2章

田中角栄の優しさに感謝

平河町の交差点で掛けられた「ありがとう」

佐藤事務所で派閥担当の秘書をしていた時のことでした。平河町の交差点で信号待ちをしていると、一台の黒塗りの車が信号で止まりました。乗っていたのは、その日、国会で内閣総理大臣に指名されたばかりの田中角栄新総理でした。

なんと新総理大臣が、私の姿を見かけるなり、車の後部座席の窓から身を乗りだされて、私に向かって「ありがとう、ありがとう」と手を振ってくださったのです。私は国会議員ではありませんから、国会での首相指名選挙で投票する権利はありません。そんな私に向かって「ありがとう」を連呼する田中新総理の気持ちが嬉しくなり、私もつい、道路から大きな声で「先生、おめでとうございます！」と発していました。

田中先生はもともと佐藤派ですから、お顔と名前はよく存じ上げていました。とはいえ、先生にしてみれば、私は、たまに顔を見かける程度の相手ではなかったかと思います。それなのに覚えていてくださったのです。

私だけではありません。田中先生は出会う方すべてに対して、その顔と名前、家族構成に至るまで詳細に記憶されているらしい、と聞いていました。

また、国会が翌朝まで紛糾すると、自民党本部の職員は本部で寝泊まりすることになります。ある日、党本部を訪れた田中先生が「君たちはどこに寝るんだ?」と聞き、床にそのまま寝たり、机に突っ伏したまま寝たりしていると知ると、大急ぎで布団を手配したという話を聞いたことがあります。末端の職員に対してもそれくらい、気配り、目配りされる方でした。

一流の経営者になろうと誓った

言葉に含まれた思いが本物であれば、何年経っても人の心に残り、伝わり、大きなエネルギーになります。先に申しました通り、私は創業した年の暮れ

田中角栄元総理と（目白の田中邸で）

に「正月は迎えられるか。何でも言って来いよ」と言われた先生の言葉に涙するほど感謝しました。その時、私もいつか後輩に、励みになる言葉をかけてあげられるような一流の経営者になろう、と心に誓ったものです。

中途半端な経営者では、他人を助けることはできません。他人を助ける存在になるためには、自分自身がそれだけの器の人間にならなくてはなりません。私が受けたご恩を田中総理にお返しすることはとてもできませんが、私より若い方たちに励ましの言葉をかけ、その言葉により、勇気を持ってもらえるような経営者になる――それが私のできる田中総理への恩返しだと思い、経営者として頑張ることができました。

何かあったら総理は必ず私の力になってくださると信じられたからこそ、苦しいことも乗り越えてこられました。そう思うと「小さなことで頼みに行っては申し訳ない」と、ご挨拶に伺いましても、一切こちらから具体的なお願いすることはいたしませんでした。

私が見た田中先生の素顔

会社を作ってからも田中先生は温かいお言葉を掛けてくださり、主催するいろいろな会合に、吉香のアテンダントを呼んでくださいました。その会合でご挨拶に行くと、「隣に座りなさい」と私に声を掛けてくださいました。またあるところでは「吉香を使ってやれ」とおっしゃっていたと、ほかの議員から教えられたこともありました。

先生は雲の上の人で、とても個人的に親しいなどと言える関係ではありませんでしたが、かわいがっていただいたことは確かです。そのお気持ちを感じていたので、感謝として田中先生が脳梗塞で倒れられるまで、４～５ヵ月に一度くらい、目白のご自宅に朝早くご挨拶に伺い、行けば必ず会ってくださいました。

男性でも女性でも、田中先生のファンは多かったと思います。田中角栄と聞けばロッキード事件を思い出し、悪い印象を持たれている方もいらっしゃるかもしれません。しかし、一時盛んに書かれたことは、私が知っている総理の印象とは違います。

真実は私にはわかりませんが、最近、石原慎太郎元東京都知事が『天才』というタイトルで田中先生のことを書かれました。その本に書かれていたのは、上に立つと、他人から足を引っ張られるようなことが多々あるということでした。田中元総理はまさに天才だと思っていましたが、そのことを認めた石原元都知事もまた天才だと感じております。

ロッキード事件の保釈後に打った電報

ご存じの方も多いと思いますが、田中先生はとても勉強家でいらっしゃいました。どんなに夜遅く帰っても、翌朝午前4時には起きて、資料に目を通していたそうです。衆議院議員として多くの議員立法を成立させたことでも知られています。さらに私の知る限り、誰に対しても分け隔てなく、必要以上に偉ぶったりはせず、同じ態度で接する方ではなかったかと思います。

そんな人柄も影響してか、田中総理が出席するパーティーともなれば、大きなホテルの大宴会場でも満員になり、ロビーにまで人が溢れ出ていました。それも皆が笑顔だったのが印象的でした。また田中派は秘書の結束が固いことで知られていましたが、それは落選した議員秘書の再就職先の面倒まで、田中先生が見ていたからだとも聞いております。

権力を持つ方がそれを失うと、潮が引くように周りから人がいなくなるとよく聞きます。左遷されたある大企業の役員から、「9割の人間が自分の周りから離れた」と聞いたことがあります。私はその方とは、左遷されている間も、変わらずおつきあいを続けさせていただき、かえっていろいろとアドバイスなどをいただき勉強させていただきました。ちなみに、この方はのちに返り咲きました。

田中総理に対しても同じでした。私はポストではなく、人対人でつきあうことをポリシーとして生きてきました。確か、田中元総理がロッキード事件で逮捕された後、保釈された時だったと思います。私が「日中国交回復など先生が残された実績は歴史に残り永久に評価されると思います。これからも日本のためにご指導下さいませ。また、どうぞくれぐれもご自愛くださいませ」というような内容の電報を打ったところ、秘書さんが「先生がありがとうと言っていたよ」と電話で伝えてくれました。

第3章

「吉香」を設立

会社名の由来は吉香神社

私は1979年6月に起業しました。最初は有限会社からスタートし、会社名は吉川家代々の神霊を祀る「吉香神社」（山口県岩国市）からとりました。同神社の神主さんにご挨拶に伺い、ご許可をいただきました。

起業は急な決断でしたから、事務所を立ち上げる準備もしていなかったのですが、たまたま「会社を作るなら私の事務所の一室が空いているから貸してあげるわ」という女性がいて、最初の五ヵ月間だけは東京都港区青山に事務所を置きました。

しかしなんと言っても、私にとって馴染みのある場所は永田町です。事務所を置くのに永田町のどこかにいいビルはないかと探し始めました。その結果、「ここがいい」とピンと来たのが、衆参両院の議員会館のすぐ近くにある「永田町TBRビル」でした。

TBRビルと言えば、故・竹下登元総理や故・小渕恵三元総理らが事務所を構えたビルとして知られています。現在はすでに取り壊されてホテルとなり、いまやその面影はありませんが、当時の政治ニュースではビルの玄関がいつも映され〝第三議員会館〟と呼ばれるほど何度も重要な政治の舞台になっていました。

特に政局が動くと、玄関階段の両サイドには記者たちが幾重にも並び、その間を通り抜けると質問をされることから、それを避けるため、政治家とともに、ビルの入居者である私たちも、いつもビルの裏口から出入りしていたものです。

私のような新参者がそこに事務所を構えようなどという発想は、通常はしないのかもしれません。しかし佐藤事務所で派閥担当の秘書をしていた私にとって、そこは勝手知ったる場所であり、国会や議員会館、さらには政党本部に近いという地理的な有利さを考えても大変都合が良かったのです。

社名の由来である吉香神社

永田町ＴＢＲビルに事務所を構える

「よし、ここにオフィスを構えよう！」

顔見知りの議員の先生方の事務所も入っていることだし、なんとなくしっくりくるなという勘が働いて、すぐさま入居を決意しました。

国会議員の個人事務所が多数入居していることからもわかるように当時のＴＢＲビルは大変な人気で、一般の法人の場合は順番待ちの状態でした。ですから「入居することにした」と言っても私の心の中で決めた、というだけで、入居できる保証はありませんでした。

ビルを管理している事務所を訪れ、「入居したいのですが……」と実際に申し出ると、高さ7～8センチほども積まれた名刺の束を見せられ、「おたくはこの次だよ」とあきれ顔で言われました。

「どれくらい待つのでしょうか？」と聞くと、

吉香のオフィスが入っていたTBRビル

「何年かかるかわからないなあ」

と言われてしまいました。しかし、心の中ではもう決めてしまっており、そんなに長くは待てません。その足で向かったのは、同ビル内に事務所を構えていた竹下登事務所です。「このビルに入りたいのですが」と相談しました。

それがどれくらい功を奏したのかはわかりませんが「竹下先生の知り合い」ということで信用の度合いが上がったのか、知らない間に名刺の束の順番が上がり、会社を立ち上げて4ヵ月後には念願のTBRビルへの入居が実現しました。

保証金が足りず慌てる

昔から、考えるより先に体が動いてしまう性質《たち》です。会社を設立した当時はまだ若く、勢いのままに行動していたからこそできたことだと、今となっては思います。

希望通りTBRビルに入居できることになったのは良かったのですが、いざ保証金を払う段階になり、「どうしよう……」と慌てました。

肝心の保証金が足りないことに気がついたのです。保証金には、買ったまましばらく放っておいた株式を売却して充てるつもりでした。ところがいざ調べたところ、株価が値下がりし、元本割れしているではありませんか。

有り金をすべてかき集めても、保証金には足りません。当時、結婚するつもりでおつきあいをしていた男性に電話で事情を説明しましたら、不足分のお金を即刻振り込んでくれました。ちなみにそのお金は創業2年目から月々返済し、完済することができました。

そんなドタバタ劇のようなスタートでしたから、最初のうちは当然、自分自身への給料も払えませんでした。朝から晩まで働き通し、家に帰る時間も取れずに、会社のソファーで寝たことも何度かありました。

コピーもファックスも竹下事務所で

入居のための保証金さえ足りなかったくらいですから、コピー機もファックスも準備できませんでした。仕方なく、竹下事務所に借りに行ったところ「うちのを使っていいよ！」と快い返事。使用代を聞きますと、竹下先生は笑いながら「出世払いでいいよ」と言ってくださいました。温かな心が伝わってきて勇気が湧きました。

ところで、この時点から20年後のことですが、竹下登元総理の「弟子」であり「後継者」と言われた小渕恵三内閣総理大臣からも、同じように温かい気持ちをいただいたことがありました。

私は2000年の初春、吉香創立20周年記念パーティーを企画しました。発起人の一人として小渕総理もお名前を連ねていただけないかと考え、同総理の首席秘書官を務めていた古川俊隆さんに相談に行きました。

すると古川秘書官は「秘書出身者できちんとした会社を経営し、20周年を迎えた人は初めてだ。秘書の誇りですよ」と言ってくださり、小渕総理にこの話を伝えてくれました。小渕総理からは「手伝ってやれ」と言われたようで、各政党の代表出席も含めて色々と力添えをいただきました。

しかし2000年4月、小渕総理は突然、脳梗塞で倒れ、闘病生活に入られました。このため、私は記念パーティーを半年間ほど延期し、回復を祈りました。古川さんからは「総理のことは気にせずに、どうぞパーティーは開いてください」と言われましたが、小渕総理は同年5月に亡くなってしまいました。非常に残念なことであり、パーティーも中止しました。しかし生前の小渕総理や、古川秘書官からいただいたご厚意に深く感謝するとともに、私も頑張った人を認め応援できるような人間になりたいと思ったものでした。

ちなみに結婚を前提におつきあいしていた男性については、当初は「結婚後も仕事を続けてもいい」という約束だったのですが、先様は古い家柄であり、具体的に話が進むと「家に入ってほしい」と言われました。

しかし、私としては会社を放り出すことはできず、実を結ばないまま終わってしまいました。結局のところ私は仕事と結婚するような状況になってしまったということでした。

盛り上がった〝サロン吉香〟

会社を設立して1年が経った頃から、事業が順調に回り始めました。ちょうどその頃、後に常務まで勤め上げてくれ、長く苦楽を共にすることになる下里明子《しもざとあきこ》さんが入社しました。

下里さんは、「入社した私の最初の仕事は、毎朝の出勤後、山のようなグラスとお皿を洗うことでした」と笑いながらよく話しておりました。というのも、その頃の吉香には午後6時を過ぎると、毎晩のようにお客さんが集まってきて、お酒と軽いおつまみ付きの宴会が催されていたからです。

前日、パーティーの仕事が入ったとします。それがお祝いの席であれば、日本酒の樽を木槌で割る「鏡開き」が行われることがあります。その鏡開きのお酒が余った場合、主催者の許可を得て、吉香のオフィスへ運び込みました。捨てるのはもったいないからです。すると翌日、その残ったお酒と別に用意した乾きもので、軽い宴会が始まるのです。

TBRビルには当時、国会議員の個人事務所も多く入居していましたから、「少し時間が空いた」と言っては時間潰しに立ち寄る議員もいれば、そのうちに「あそこに行けば誰かに会えるかもしれない」ということで、新聞記者さんたちもやって来るようになりました。

事務所はたちまち、〝サロン吉香〟という様相を呈しました。

TBRビルと議員会館は目と鼻の先にありましたので、ひとしきり雑談に花を咲かせた後、記者さんたちは夜回りの時間になると、吉香を出て議員の事務所や自宅へと向かっていました。

初めて会う方々をその場で紹介し、喜ばれることもありました。議員会館や政治家の事務所に比べると吉香の敷居は低く、出入りしやすかったのでしょう。お酒を飲みながらの雑談から、仕事につながる情報をいただけることもありました。今でいう、「プラットホーム・ビジネス」の走りのようなものでした。

もちろん、そこまで計算してＴＢＲビルに入ったわけではありませんが、ＴＢＲビルに入っていなければ、このように順調なスタートを切れたかどうかは疑問です。

世界90の言語を通訳・翻訳

１９７９年に私が創業した「吉香」は、通訳・翻訳など言語に関する人材を派遣している会社です。国際会議に同時通訳者や逐次通訳者を派遣することもあれば、企業から依頼され、創立記念パーティーの受付や英会話のできるパーティーアテンダントを派遣することもあります。最近では、ラグビーワールドカップや東京オリンピック・パラリンピックのような大きなイベン

創業間もない頃のオフィス

トにまつわる依頼も受けており、業務の幅も拡がっています。

派遣の登録者数は流動的ですが、全体で1500人から2000人です。業務は多岐にわたりますが、一番わかりやすいのは放送分野の仕事かもしれません。

海外から入って来るニュースを同時通訳しているのを耳にしたり、画面の下に出るテロップ翻訳を目にされたことのある方は多いと思います。吉香は業務の一部として、そのような同時通訳やテロップ翻訳を請け負っています。

手前味噌になりますが、テレビニュースにおいて、真の意味での同時通訳を実現した初めての会社は当社ではないか、と自負しています。それ以前は、前もってアナウンサーが読む原稿に目を通してから、映像に合わせて通訳することを「同時通訳」と言っていたそうです。

流れてくるニュースを即座に訳して伝えるのは難しく、当時、日本ではとても珍しいことでした。また何人かでチームを組むとはいえ、生放送で何時間も同時通訳を続けるのは、並大抵のことではありません。前もって素材に目を通すこともなく、何時間も同時通訳を続けるには、通訳としてかなりの力量がないと務められません。

時代とともに通訳を求められる言語の数も増え、現在では英語、中国語、韓国語、ロシア語、スペイン語、ドイツ語、フランス語などを中心に90の言語に対応しています。大きな事件や出来事があれば、現地メディアはどのように報道しているか、インターネットや現地の知人を使ってリサーチし、それを国内のメディアに提供するサービスも行なっています。当然のことながら、24時間対応です。そのために毎日「当番」を置いて、事が起これば夜中でも受け付け、すぐに通訳者を手配します。

先にも書きましたが、これからの時代、通訳は必要不可欠となる、それもただ言葉を駆使するだけでなく、日本を代表する人間としての品格も大切になってきます。それらを考え、女性に活躍の場を提供したいと設立した会社でしたが気づけば40年になり、おかげさまで今日まで続いています。

女性活躍のための仕事を創造

日本経済が発展するにつれ、政界や経済界、また各企業でも、ホテルや結婚式場を利用した大規模なパーティーが開かれるようになりました。小さい頃から社会慣習としてパーティーに参加してきた外国の方と異なり、当時の日本社会ではそのような場での振る舞いに慣れていらっしゃらない方がほとんどでした。特に、お飲み物を取りにいったり、ビュッフェスタイルのお食事を自分で盛り付けることを遠慮される方がほとんどでした。

日本の女性の立ち居振る舞いに秘められた美しさを多くの人に知っていただきたいと願っていた私は、このような社交の場こそ、彼女たちの美しさを発揮するのにふさわしいと考えるようになっていきました。しかし、一方で、当時、華やかな衣装を着て男性に飲食をサーブする女性を低く見る向きがあったことも事実でした。そこで私は、同じ衣装（制服）を身に着けることで

パーティーアテンダントのみなさんと

一人ひとりの女性の過度な華やかさを抑え、慎み深さ、貴《あて》やかさを以て、サーブするという新方式を考え出しました。それがパーティーアテンダントでした。制服を着てもらうことで、一般の女性のお客様との違いがわかるようにするためでもありました。

一人ひとりの個性を目立たせることなく、参加されている皆様が安心して、お飲み物やお食事を、彼女たちに申し付けていただけるようにしたかったのです。時には、出席者から私達に対してパーティー会場におられるだろうご友人、取引先の方々を探してほしいというお申し付けをいただくこともありました。人と人をつなげたいという私の長年の願いが、「パーティーアテンダント」と呼ばれる仕事の中で実現したのではないかという、ささやかな自負を抱いております。

このように振り返りますと、通訳人材の育成、派遣、そして、パーティーアテンダントという仕事の創造は、女性のやさしさ、気配り、美しさの事業化だったといえるのかもしれません。私の理念に賛同してくださった政界や経済界の多くの方々のおかげで、会社も成長することができました。そして、現在では、外国から日本へ来られるお客様の増加とともに、日本全体がこれから取り組んでいくべきテーマとして「おもてなし」が重視されるようになったことは、すでにご承知だと思います。

右も左もわからない未熟な私でしたが、永田町のいろいろな国会議員の後ろ姿から、「大志を抱き、それを実現する」との決意を感じとりました。またその方々は私に見本を示してくださいました。これら一つひとつの出会いがなければ、現在の私はありませんでした。お一人おひとりに感謝申し上げたいと思います。

「語学のできるパーティーアテンダント」として有名に

語学ができれば仕事はいくらでもあるだろう、と思われるかもしれません。しかしそれは今だからそう思えるのであり、吉香創業当時は、たとえ語学ができたとしても、一度会社を辞めた女性が再就職先を探すのは容易ではありませんでした。

留学して戻ってきても仕事はなく、働く場もない。そういう女性たちが噂を聞きつけ、ツテをたどって集まってくるのが吉香だったのです。

会社を始めたばかりの頃は、大企業の秘書室にお勤めだった方も登録にいらっしゃいました。一度でも企業に勤めた経験をお持ちの方であれば、一通りの社会人教育は受けておられます。マナーを心得ている方も多かったことから「吉香のアテンダントは語学ができるし、マナーも良い」と評判になり、外国の要人が来日した際のお手伝いもさせていただきました。「慎みと貴《あて》やかな吉香」をキャッチフレーズに行動しているうちに、いい人材が集まるようになっていきました。

ただし、ひとくちに語学ができると言っても、レベルは人それぞれです。仮に半年や1年間の留学経験があっても、当然すぐに難しい仕事をすることはできません。そうした方々にはパーティーアテンダントや、国際会議の受

1988年４月、瀬戸大橋開通のイベントにて

付のお手伝い、あるいは来日された要人の奥様方のショッピングや観光のお手伝いなど、担当を振り分けました。また、専門的な勉強をなさっておられる方々には、テープ起こしやテロップ翻訳などをしていただきました。その方の持ち味と語学力のレベルに合わせた仕事を用意しようと奔走した結果でした。

吉香の事業は現在、大きく三つの柱に分かれています。同時通訳を含む「世界90言語対応・語学専門サービス」と、企業などに事務系の人材を派遣する「総合人材サービス」、企業の周年記念イベントなどのパーティーの受付や司会、アテンダントを派遣する「アテンダント派遣サービス」です。一般的に国際会議の運営を請け負う会社と、パーティーにアテンダントを派遣する会社とはそれぞれ別々ですが、吉香では集まって来られた方々の語学力のレベルに応じた仕事を用意した結果、種類の異なる派遣業務をひとつの会社で扱う形態(ワンストップサービス)をとることができました。

また私自身が政治家秘書から社会人としての第一歩を踏み出した関係上、

最初のうちはホテルで催される政治家の各種パーティーの運営を任されることも多くありました。海外から要人がいらっしゃると、晩餐会が催されますが、そのような晩餐会では「語学のできるマナーの良いアテンダント」として、吉香のアテンダントは重宝がられました。

一つひとつの仕事を大事に、信頼を積み重ねていった結果、吉香の名は次第に永田町の外にも広がっていきました。

できないことはプロに任せる割り切りを

吉香は、語学のプロとしての私が始めた会社ではありません。どちらかと言えば、語学堪能な方たちに働く場を提供するために、私が縁の下の力持ちになろうと思って始めた会社です。ですから登録していただいた方の語学力を見極めようにも、私自身が判断するわけにはいきませんでした。

では、どうしたか。できないことはすべて信頼できるプロにお任せしようと考え、具体的には東京外国語大学の女性教授にお願いし、登録者全員を試験してもらい、語学力のレベルに応じたクラス分けをしました。

この教授は、大学で教えながら、政府関係の非公式な会議があると呼ばれて通訳をするなど実践的な経験をお持ちの方でした。要人のご自宅に招かれて通訳をすることもあるなど、かなり信用がある方だと聞いていましたし、日本語でお話をしていても、とても話が通じやすいといいますか、コミュニケーションの取りやすい方だと感じていました。

こういう方であれば、言葉の機微まで理解して、また各国の習慣やマナー、好みなども加味して判断してくださるに違いない――。そう確信した私は、この教授に事情を説明し、登録者の試験と振り分けに関して、すべてをお任せしました。

対応する言語は、最初のうちは英語だけでした。しかし時代が進むにつれ、求められる言語も中国語、韓国語、スペイン語、フランス語、ドイツ語、ロシア語などと広がり、今では90言語以上に達しています。

仕事の分野もだんだんと細分化されていきました。最初のうちは英語なら英語と大くくりで済んでいましたが、そのうちに政治・経済、科学、医学、文化・芸術などの分野ごとに分けて、通訳者を登録するように変えました。登録を希望する側も、「私は医学の分野が得意です」などと自己申告してくるケースが増えていきました。

なかには役所や大使館に勤務した経験のある方が、吉香に登録してくださるケースもありました。現役時代に培った豊富な経験と知識を、広く日本と世界の交流、発展のために活かそうというお気持ちからで、それには頭が下がるばかりでした。

出発点は「お節介焼き」

今ならばマスコミで大騒ぎになるでしょうが、昔は支援者や企業などから依頼され、政治家が就職のお世話をすることも日常茶飯事でした。佐藤事務所に勤めていた頃にそのような仕事のお手伝いもしていたため、企業の方と親しくなり、佐藤事務所を辞めた後も何かと頼みごとをしたり、また、されることが多くなりました。

前にも触れましたが、当時は今と違い、帰国子女の就職が厳しかった時代のことです。海外赴任した社員が帰国するとなれば、その息子さん、娘さんの就職先を探すことが悩みのタネになることもありました。一方で議員の秘書さんたちからも、「このような人がいるのだけれど、いい就職口はないだろうか」と相談されることもありました。

私には昔から「人様のためになることならば」と、損得勘定抜きで自然と体が動いてしまうようなところがありました。佐藤事務所を辞めてから、しばらくは見習いとして弁護士事務所に勤めていましたが、時間を見繕っては、そのような頼みごとを引き受けていました。

自分自身は何もできないけれど、人と人をつなぐことならできるだろうという思いがあったのです。最初はそれを事業にできるなんて、思ってもいませんでした。

会社を作ろうと思ったのは、ある方のアドバイスがきっかけでした。就職口をお世話するためにツテをたどって歩いていると、ある日、企業の方からこんなことを言われました。

「吉川君、個人名でやっているよりも会社としてやってくれた方が、うちとしては紹介しやすいのだけれど」

そのほうがお役に立てるのならば、という気持ちで「わかりました、では会社にします」と即答しました。

ですから私は笑い話でよくこう言っているのです。

「私の起業はお節介焼きからスタートしたんですよ」と。

単なるお節介焼きの場合、手数料はいただけません。しかし会社として動けば、手数料がいただける。「個人名より会社名の方がいい」とアドバイスしてくださった方は、言外にそう忠告してくださったのだと後から気づきました。

テレビ通訳の時代をいち早くキャッチ

高度経済成長期を経て、日本は情報化社会を迎えていました。情報化が進展し、やがて世界が一つになっていくだろうという感覚は、かなり前から持っていました。象徴的だったのはやはり、1969年、アポロ11号の月面着陸がテレビ中継されたことでしょう。

人類初の月面着陸を同時通訳したのは、日本における会議通訳者の草分けであり、「ミスター同時通訳」とも謳われたサイマル・インターナショナルの村松増美さんです。その頃、私はまだ佐藤事務所におりましたが、月面着陸のニュースを世界が同時に見つめた衝撃的な感覚は、今でも鮮明に記憶しています。

このころ私が調べたところ、日本人で英語を聞いて理解できる人の割合は5〜6%でした。商社にお勤めなど、ある程度、英語を聞いて理解できる方でも、「家に帰ってまで英語を聞いていると疲れる」という話も、耳にしていました。

私が会社を立ち上げた頃にはアポロ11号の月面着陸からすでに10年が経過し、国際化も進み始めていました。しかし、留学経験者がそれを生かせる場は少なく、まだまだ日本人が英語を聞いてすぐさま理解できるようになるまでには、時間がかかるだろう、と考えました。

その一方でニュースが時差なく世界中を巡る時代がもうすぐやってくる。そうすれば国際会議ばかりではなく、テレビ放送でも同時通訳者のニーズはますます高まっていくだろう――。私はそう考え始めていました。

思い立ったら、即行動です。NHK、日本テレビ、TBS、フジテレビ、テレビ朝日、テレビ東京と在京のテレビ局を回り、「海外のニュースが日本へどんどん入ってくる時代が必ずやってきます。それに対応するために、ニュース番組などに同時通訳者を入れませんか」と営業して歩きました。

1980年代に入ると、私の予想通り世界中から24時間、ありとあらゆるジャンルのニュースが映像となって飛び込んで来るようになりました。それを見ながら、テレビ局がそのすべてを社員だけで対応するのは難しいだろうとも考えました。

とりあえず「早朝と深夜の時間帯にだけでも当社の通訳を入れませんか?」と持ちかけたところ、ズバリ読みが当たったのでした。

プロデューサーも根負けした粘り強い作戦

テレビ局の間で広く吉香の名が知られるようになった最大のきっかけは、1988年にテレビ東京の「ワールドビジネスサテライト」で同時通訳を手がけたことでした。民放初の生放送による同時通訳――吉香がその仕事を勝ち取るまでにはライバル会社との激しい競争がありました。

最初は知り合いのテレビ東京のある幹部に相談しましたが、「(同時通訳に関する決定権は)プロデューサーにある」と言われました。そこで気合を入れ直し、今度はプロデューサーのところへ毎日通い詰めました。

昔からよく、「才能のない人間は足で稼げ」といいます。私の営業スタイルはその典型で「ここぞ」という時は必ず、相手のところへ日参しました。とにかく毎日通って、顔と名前を覚えてもらう作戦です。

当時はテレビ局のビルのセキュリティーも今ほど厳しくありませんでしたから、その気になれば不意に訪ねて行くことも出来ました。タイミングが合えば机の横のイスに腰かけながら世間話をすることもできました。ただし仕事の邪魔になってしまっては逆効果です。「今日は忙しそうだな」と思えば、廊下の柱のあたりに立って待ち、プロデューサーと目が合ったところで挨拶だけして帰ってきました。

遠くからでも目が合えば、「今日も来たな」というのがわかります。その日、お話ができなくても人間の心理としては「せっかく来てくれたのに話もできなくて悪かった」と思ってもらえるかもしれません。それが1日、2日、3日と続けば、今度は向こうから「昨日は悪かったね。ちょっとお茶でも飲んで行かない？」と話しかけてくれるようになるものです。

半年近く通った結果かもしれません。事実そのプロデューサーから「あなたの熱意に負けたよ」と言われました。

これは後でわかったことですが、当初、プロデューサーの頭の中では8割方、私どもとは別の会社に依頼しようと思っていたようです。しかし毎日通ってくる私のしつこさに根負けしたのか、最終的に週に5日間ある放送のうち、4日を吉香が担当し、残り1日を他社が担当することになりました。

ただし、価格的なことが影響したのかもしれません。私は、他社が示したであろう金額よりも安い価格を提示し、それが受け入れられたと推測しています。

営業先に足繁く通うなど、昨今はあまり流行らない方法かもしれません。それでも試してみる価値はあります。相手のお仕事の邪魔にならないよう気配りしながら実行すれば、熱意は意外と通じるものです。

最近のビジネスマンはデスクが隣の人ともメールでやりとりすると聞きま

したが、やはりFace to Faceではないでしょうか。営業の神髄は、時代は変われどFace to Faceであり、それがより重要だと思います。次は信用です。人は実際に会って話し合うことで理解し合い、信じ合うものです。このことを通じて他人から信頼を得ることが肝要ではないかと思います。

同時通訳者を揃える苦労

今だから〝白状〟することですが、「ワールドビジネスサテライト」の仕事が決まった際、必要な通訳者を十分に確保できていたわけではありませんでした。

TBRビルに入る際、入居が決まってから保証金が足りなくて慌てたように、この時も「仕事がもらえる」とわかってから、慌てて、「それ、同時通訳者を探せ！」と社内に号令をかけました。

優秀な同時通訳者の人数は限られていました。その辺りのことを、テレビ局側はあまりご存じなかった時代です。

テレビ局側が、優秀な通訳者がほしいとおっしゃるので、苦心して優秀な通訳者を揃え、スケジュール調整を終えたところ、放送開始後に「毎日、優秀な同じ人にしてほしい」と依頼が変わってきたりして、ますます大変になりました。

しかし優秀な通訳者ほど仕事のスケジュールが埋まっていて、毎日深夜に仕事をすることは不可能です。「同じ人」となると、どうしても経験の浅い通訳者になってしまいます。それでもなんとか都合をつけてくれた通訳者を毎日派遣したところ、案の定、最初のうちは視聴者からクレームがきてしまいました。後からわかったことですが、この視聴者とは、番組の同時通訳の指名を争った4、5社の同業他社に属する人が多かったようでした。

一流の通訳者ほど、自分の名前に傷が付くような仕事を避けたがります。生放送で、しかもニュースの場合、事前に原稿に目を通す時間もありません。ニュースの同時通訳をすることほど、通訳者にとってリスクの高い仕事はないのです。

それに加えて、午後11時から深夜にかけての仕事です。通訳者も当然、翌日の仕事がありますから、優秀な通訳者を口説き落とすのに、大変苦労しました。

深夜のテレビ局へタクシーで〝拉致〟

同時通訳はたいてい２人か３人一組で担当します。「生放送など嫌だ」という通訳者を、「そこをなんとかしてください」「月に１回か２回だけでもいいからお願いします」と説得し、組みたい相手を推薦してもらいました。こうした調整を済ませた後、テレビ局側が、「毎日、同じ通訳者を」とリクエストを変えて来たりするものですから大変でした。

ある時、お仕事をお願いしていた通訳者から、他の仕事で組んでとても優秀だったという男性を推薦してもらいました。「なんとしても口説き落としたい」と思ったのですが、「僕はそんな遅い時間の仕事は絶対に嫌だ」と言うばかりでした。その男性は、比較的若く、しかし優秀であり、なんとしても当社のチームに引き入れたいと考えた私はある夜、無茶かつ大胆な行動に出ました。

時計は午後11時を回っていたと思います。その男性の自宅近くまで赴き、公衆電話から「今、近くの駅まで来ているのですが、依頼の内容をお話ししたいので、ちょっとコーヒーでも飲みに出てきてくださらないですか？」と、電話をかけました。

男性は「もう寝る支度をしているから」と最初のうちはだいぶ渋っていましたが、私が「ちょっと、ちょっとでいいからお願いします」としつこく食い下がると、トレーナー姿のままで外に出てきてくれました。

これ幸いと大急ぎで彼をタクシーに乗せ、運転手さんに「テレビ東京まで！」と伝え、強引に番組制作の現場まで連れて行ったのです。そこで、仕事内容を説明しながら、「あなたはまだ若いし、生放送で同時通訳するなんて、これはチャンスよ」などと彼を説得、最初はしぶしぶでしたが、最後は応じてくれました。

その頃、国際会議の仕事では先行する他社に押されて、思うように仕事が取れていませんでした。それに比べるとテレビの仕事はまだ新しく、そこで実績を上げれば飛躍できるチャンスがあると考えた結果でした。

今思い返すと、我ながらよくあんな荒っぽいことができたものだと思います。しかし会社にとっても、また通訳の彼にとっても「これは絶対にチャレンジしがいのある仕事のはずだ」と信じればこその荒技でした。

その頃は午後11時からスタートする番組に合わせ、私も2時間前の午後9時ごろにはスタジオ入りしていました。番組終了後、ミーティングに参加。終わるのは、いつも午前2時近くでした。それでも朝になるとちゃんと起きて、午前9時の始業時間には間に合うよう出社していました。

体力的にはきつかったのですが、そこまで頑張った甲斐もありました。生でニュースを同時通訳したことが評判を呼び、この仕事をきっかけに吉香の名前は放送業界全体に知れ渡り、次々とテレビ局のお仕事をいただけるようになったのです。

若手議員の訴えから始まった「外国語センター」

会社設立後、だいぶ経ってからのことです。いわゆるバブル景気で日本経済全体も潤っていました。

日本で開催される国際会議が増えたことで語学のできる受付などの需要が高まり、それに加えて、国会議員のパーティーや社長就任披露パーティーなど、各種パーティーが数多く開かれ、吉香の経営は上向いてきました。

1988年のある日、若手の衆議院議員が〝サロン吉香〟にやってきて、こうこぼしました。

「衆議院の国際部渉外課へ持って行けばタダで翻訳をしてくれるのですが、僕ら当選回数が少ない議員は後回しにされ、手紙1枚翻訳をするのにも1ヵ月も待たされてしまったりするんです。とても待っておれないですよ」

今から30年以上前のことですから、政治家の事務所に、仕事に使えるほど語学が堪能な秘書さんはほとんどいませんでした。外国人の来客があったり、海外に視察に出向く際などは、ほとんどの議員は国際部渉外課に翻訳をお願いしたり、外務省を通じて通訳を手配してもらっていたのです。

年功序列の厳しい永田町のことです。若手議員の訴えはよくわかりました。国のためにもなることですし、原価スレスレでそうした仕事をお引き受けすることにしました。

一人の仕事を受けると、噂を聞きつけたのか、一人、また一人と若手議員がサロン吉香へやって来るようになりました。

ある時、「議員会館の中に通訳や翻訳をやってくれる事務所があったら便利だよね」と言われ、それもそうだなと思い、「でしたら、国会の中、例えば議院運営委員会などでそう提案してください」と申しました。

それから私は毎朝、同じビル内にある竹下登先生の事務所を訪ね、若手議員の苦境を訴えました。午前9時前には竹下事務所に顔を出し、お茶汲みなどを手伝って帰ってくるだけ。テレビ東京に通い詰めたのと同じです。知らない人は「あの人、何のためにま日うちへ来るんだろう？」と思っていたかもしれません。

もちろん、「今日は忙しそうだな」と思えば、挨拶だけして帰ってきました。そのあたりの勘所を読むのも、永田町仕込みです。

通訳・翻訳業務のための事務所設置構想に対し、じわじわと賛同の声が広がり、衆議院第1議員会館内の外国語センター設置案が、議院運営委員会に提出されることになりました。そして同設置案は1989年6月、自民党から共産党まで全会一致で可決・成立しました。党を問わず、みなさん同じ問題で困っていたわけです。

お金を出しても買えない「信用」の重み

外国語センターを運営するにあたり、複数の会社が候補に上がったようです。吉香は小さな会社ですから、社員の多くは「うちはどうせ無理だろう」と思っていたようですが結果的には、当社が入居できることになりました。後になって佐藤事務所で働かせていただいていた時代の私の信用が決め手だったと、ある議員から聞かされたことがありました。

経済的な損得で言えば、損の方が大きかったと思います。国会議員の活動を支援するために入居するのですから、家賃は安くすみ、それはそれで良かったのですが、その分、通訳・翻訳料も低く抑えられました。常駐するスタッフの人件費を考えたら、赤字です。しかし、国会議員の役に立つということは、国のために働くことと同じです。損得勘定で動くわけにはいきません。それでも、お金の代わりに、何にも代え難い「信用」を得ることができました。

ある時、「世界の選挙事情を調べてほしい」と国会議員から依頼されたことがありました。そこで、各国宛にTBRビルの住所で調査依頼書を送りました。

ところが、一向に返事が来ません。

スタッフが困っていたので、私が「衆議院第1議員会館の住所で送ってみたら?」とアドバイスしたところ、なんとすぐに返事が来たのです。議員会館内にオフィスを持つということは、目に見えない価値があるのだなと実感した出来事でした。

センターが設立されてから2年後の1993年2月、私は「KIKKO外国語センター情報」という定期刊行物を毎月1回、発行し始めました。その目的は、議員会館で仕事させていただけるようになったことについて感謝の気持ちを全国会議員にお伝えしたかったからです。

私は、その第1号の1面に次のような挨拶文を掲載しました。

「衆院第1議員会館にセンターを開設後、皆様から何かとご用命をいただき感謝しております。日ごろお忙しい皆様に多少ともお役に立つ機会が増えてまいりましたことを大変嬉しく思っております。

さて米国でクリントン大統領が誕生し、国内では東京サミット開催が予定されるなど世界はますます狭くなり、海外の人々との接触の機会も多くなっています。そうした中で国際社会で日本はどう評価され、どう報道されているかなどをうかがい知る〝世界の窓〟のような刊行物を皆様のお手元に届けたいと思います」

同「センター情報」はＡ４判８〜10ページで、まさに手作りです。掲載する記事は、全国紙記者ＯＢに、世界各国の新聞などからタイムリーな論評、あるいは日本のメディアでは報じられていない独自の視点に基づく解説などを選んでもらい、吉香の通訳・翻訳陣が日本語になおし、編集しています。それを約８１０部印刷し、衆参両院議員全員の部屋はもちろん、全省庁にも送っています。

この間、１９９５年4月には名称を「外国語センターニュース」に変えましたが、発刊から27年間、１回も欠かさず現在も刊行を続けております。

交渉ごとは本音でズバリと

「国会議員会館内に事務所がある」と言うと、今でも大変驚かれます。それを意図したわけではありませんが、その度に目に見えない「信用」の価値を痛感し、それに恥じない仕事をしなければ、と身の引き締まる思いがいたします。

オフィスの住所と言えば、こんな思い出もあります。2000年代半ばにTBRビルが取り壊されることになった時のことでした。

ビル側から礼儀も挨拶もなく、ただ「○月○日に出て行け」という主旨の手紙が郵便受けに入れられていたのに憤慨し、最初のうちは「出て行くものか」と粘っていました。しかし他の入居者が少しずつ退出していき、立ち退き料欲しさに粘っていると思われても不本意ですし、またいずれは出ていかなければならなくなるので、近くにどこかいいビルはないかと探し始めました。

どのビルも「帯に短し襷に長し」で、なかなかこれと思うビルが見つかりませんでした。一つだけ見つかったのですが、ビルの入口が狭いことが気になっていました。

ビル選びの基準は「勘」です。いらっしゃるお客様のことを考えたら、駅から近く、わかりやすい場所がいいに決まっています。私の場合、それに加えて気になるのはエントランスの広さであり、それがあまりにも小ぢんまりとしているのは好きではありません。入った瞬間、パッと視界が開けるような明るく、開放感のあるビルが好みです。

そう思っていた時、たまたま三菱地所の上の方とお目にかかる機会があり、当社などは無理だろうと思いながら、あまり期待もせずに、「(三菱地所が管理している)山王パークタワーだったら便利でいいんですけれど、当社みたいな小さな会社は無理ですよね。憧れで入りたいのですが」と言ってみたのです。そうしたら、あっさり「ああいいよ、言っておいてやるよ」とおっしやってくださいました。

社員にそのことを話すと、「社長、うちなんか絶対に入れるわけないんだから、外に向かって言わない方がいいですよ」と、言われました。

しかし私には、大丈夫だという確信がありました。

ちなみに山王パークタワーという建物は永田町の首相官邸のすぐ近くにある高級インテリジェントビルです。

ＴＢＲビルへの入居を決めた時もそうでしたが、こういう時はなぜか「第六感」が働くのです。

三菱地所の方には「ＴＢＲビルに払っているより多くの家賃は払えません」と、はっきり申し上げました。当時、ＴＢＲビルの5部屋ほどを借りていましたので、「その家賃までで払えるスペースを貸してください」と交渉しました。

この手の交渉は最初から本音をズバリ申し上げた方が、相手にもご迷惑をかけずに済みます。大きなビルですから、通常は1フロアを2つに仕切るまでしかしないところを、仕切った半分をさらに2分割した坪数を貸してくださることになりました。

引っ越しが決まると、何人もの社員が「本当に入れることになったんですね」と目を白黒させていました。以前より狭くはなりましたが、部屋ごとの仕切りがなく一気に全体を見渡せる分、風通しが良くなり、かえって便利になりました。

社員が山王パークタワーと議員会館の住所が入った名刺を出すと、「へえ～」と驚かれるそうです。これもコツコツ積み上げてきた信用の賜物だと思っています。

第4章

絶体絶命のピンチに学ぶ

桜の花が咲いたことにも気づかず

前述したように、吉香の本社は現在、永田町の山王パークタワーにあります。創業時に入居していたＴＢＲビルと同じく、日枝神社のすぐ近くで、春ともなれば毎年、美しい桜の花が見られます。

観賞用として知られ、淡いピンク色をしたソメイヨシノ。その儚《はかな》い美しさは、季節の移ろいを愛でる日本文化の象徴として海外でも広く知られています。

私がまだ佐藤事務所に勤めていた頃、先輩の女性経営者の方が「自分の会社が経営危機に陥った時というのは、桜の花が咲いたことにも気がつかないほど大変なものなのよ‼」と、ご自分の厳しかった体験を話して聞かせてくれたことがありました。その時は、そうだろうなあ……とわかったつもりでおりましたが、聞くだけと体験するとでは雲泥の差です。その後になって自分が同じ状況に陥った時、あの時は何もわかっていなかったのだと初めて実感させられました。

大なり小なり会社を経営していれば、誰しも一度や二度は同じような心境に陥ったことがあるのではないでしょうか。私もまさしく、桜の花が咲いたことにも気づかないような厳しい時期を経験しました。

講演などで倒産の危機に見舞われた経験を話すと、「私も同じような経験をした」と涙を流しながら声を掛けてこられる女性経営者の方が何人もいらっしゃいました。会社を経営していると、常に「順風満帆だった！」という人はほとんどいません。ということは、逆風と向き合わなければならない時期がいつかやってくるということでしょう。

１９９０年代半ば、まだ本社がＴＢＲビル内にあった頃の話です。この当時、私は「今まで以上に頑張らなければ」と張り詰めた気持ちでいました。人を寄せ付けないような緊張感を漂わせ、議員会館へ向かう坂道を登っていました。後から聞いた話ですが、ある男性議員から私に気づいて声をかけようとしたものの、何か「近づくな」というオーラを背中に感じ、声をかけられなかった……と聞かされたことがありました。ただ無我夢中で、気が張っていたのでしょう。

これからお伝えするのは、そんな私が立て続けに経験した、恥ずかしくも悔しい失敗のお話です。

始まりは小さな新聞記事から

始まりは小さな新聞記事でした。社員が片隅に載った記事を指して、こう言いました。

「外国のメディアが衛星放送で日本に直接、放送を配信するらしいですよ」

権利を買い付けたのは、ある日本の大手商社でした。権利を売ったのは硬派な報道で定評のある英国のＢＢＣでした。当然、同時通訳の需要も生じるだろうということで、さっそく、チームを組んで営業を開始しました。

規模の大きなプロジェクトでしたから、営業には4年くらいかかりました。努力の甲斐あって、同時通訳に関して同商社の下請けとして吉香が受注できることになりました。

同時通訳をつけると言っても、地上波の放送ではありません。権利を買い付けた大手商社の計画は、日本人を中心とする宿泊客に向けホテルの部屋にあるテレビにBBCの放送を加え、番組を流すというものでした。大きな時代の流れに沿ったプロジェクトでした。

英BBCとの交渉

同時通訳者は前もって準備をしてから本番に臨みます。個人名で活動していますから、下手な通訳をして自分の名前に傷がつくのを嫌がります。それゆえ準備のできない英語のニュース原稿を同時通訳することに対して、当初はかなりの抵抗感がありました。

間に入るエージェントとして、私はそういった通訳者の気持ちを代弁し、商社との交渉にあたりました。そればかりではなく、商社の担当者がＢＢＣに交渉に行く際は、一緒について行きました。

こちらが権利を買う側なのに、交渉は終始ＢＢＣの担当者に押され気味で、横で見ていてイライラすることが何回もありました。外国に対する日本人の交渉力の弱さを、目のあたりにしたように感じました。そのうえ商社の担当者は、通訳の実務に関してはほとんど知識がなく、英語ができれば通訳ができると考えていた節があり、そのようなものではないことを綿々と説明する必要がありました。現実に通訳が始まってみると、事前に原稿を見せてほしいといった要求をＢＢＣ側に交渉するのは、もっぱら私の役割になりました。

たとえ通訳者が相手であっても、放送前のニュース原稿を外部の人間に見せるのは、発表されていない新聞記事を事前に流すようなものです。当然のことながら、ＢＢＣ側にはとても嫌がられました。それでも「いい通訳をするためには必要なことですからお互いに譲歩できませんか？」と掛け合い、粘り強く交渉しました。

　諦めずに交渉した甲斐があり、事前に原稿を見せるのは無理だが、局内に事務所を置くのは構わないという譲歩を引き出しました。

　局内にいれば、原稿を見られないまでも次にどんなニュースが飛び込んで来るのか、おおよその見当がつきます。ほんの少しの時間でも、事前に準備できるかどうかが、通訳の精度に大きく影響します。

　一緒に交渉に赴いた商社の方に「いやあ、吉川さんがいてくれて助かるよ」などとおだてられ、いい気になっていたのでしょう、ビジネスで肝心の契約書に関して商社側を信用しきってしまい、内容に気を留めることは、ほとんどありませんでした。ただ良い通訳をしたい、してほしいという思いだけでいっぱいでした。それが商社のお役に立てることだと思い、実務全般を進めていたのです。

BBC内のオフィス

日本とロンドンを行ったり来たりの日々

私はとにかく一生懸命でした。この仕事を取れれば会社を大きくできる——。後で考えれば、そんな野心に取り憑かれて、周りが見えなくなっていたのかもしれません。

1994年、ロンドンに事務所を構えると、私は13人の同時通訳者を連れて英国へと渡りました。翌年にはまた数名、連れて行きました。

日本で実績を積んだ同時通訳者が、国内の仕事をある意味では捨てて、海外へ渡ることは、それなりに覚悟のいることだったと思います。自国を離れて暮らす緊張感と、一瞬たりとも気の抜けない同時通訳という仕事。そうした緊張感を少しでも和らげてあげたい、とメンタル面でも気を遣いました。

大都市のロンドンですから、日常生活に必要なものを買い揃えることはできます。しかし時には、日本的なものを懐かしく感じることもあったはずです。そのような通訳者の気持ちを酌み取り、帰国のたびに海苔やお煎餅などを買い込んでロンドンに向かい、お正月ともなればお餅を持って行きました。

すべては「いい通訳を」との一心からでした。日本の窓口となる商社の方にも、通訳業務について一から説明し、ご理解をいただくなど間に入って交渉することも多くありました。放送が開始されてからも、通訳の出来が同じレベルになるように気をつかったり、通訳者によって表現方法が違うことがないように共通用語辞典を作ったりして、質を向上させるための努力を重ねました。

その頃は、しょっちゅう東京とロンドンを行ったり来たりしていました。ピーク時には月に３回、ロンドンへ出かけたほどです。必然的に、自分の会社は留守がちとなりました。

東京とロンドンでは時差がありますので、当然ながら、残った社員に負担をかけたと思います。

売上の半分以上を失うピンチに見舞われる

〝事件〟が起きたのは放送開始から1年以上が経ってようやく落ち着き、これまで投入した資金を回収できると思った矢先のことでした。

事業が軌道に乗ったのを見てとった商社が、突如、ノウハウから人材まで根こそぎ奪い取ったのです。

「なぜ、どうして？」

「こんな理不尽なことがまかり通るのだろうか？」

思いも寄らない出来事に戸惑いと怒りがわいてきましたが、どうしようもありません。

私はそれまでただ相手を信頼し、初めての仕事を成功させたい、良い通訳をしたいとの思いだけで動いていました。その裏で商社の方は、最初から周到に準備をし、契約書を整え、タイミングを見計らって事業ごと乗っ取るつもりで動いていたようです。

しかしなんと言おうと、契約書の内容を気にも留めていなかった私のミスです。後日、裁判所に訴えましたが、裁判官に「大手企業が小さい企業をいじめているのはわかるけれど、今の裁判は証拠主義なんですよ」と慰められただけでした。結局、先行投資した資金はまったく回収できず、まるまる損害として残りました。

有頂天だった私は、この件で一気にどん底へと突き落とされました。当時10億円ちかくあった年商のうち半分以上を失ったからです。

叫んでも、地団駄踏んでも、心血注いで取り組んできた事業を取り戻すことはできませんでした。相手は一流企業であり、担当者もコロコロ変わります。小企業の弱点である人材不足を痛感しました。

後日談になりますが、この事件から15年以上たった頃、当時ＢＢＣ側の通訳をしていた女性が、私の知り合いの日本人女性に「吉川さんはかわいそうだった。大手商社にまんまと騙され、全部取られてしまったのだから」と同情していたということでした。

大企業役員の娘の紹介でプロの詐欺に遭う

災難は重なるものです。

日本とロンドンを行ったり来たりしている頃のこと、旅行業のプロの詐欺師にも狙われてしまいました。

その詐欺師は女性で、名前をYとします。

「吉香に入りたいと言っている人がいるのだけれど」と私にYを紹介したのは、大手企業の役員の娘でした。

国際会議が開かれますと、海外から多くのお客様が来られます。すると、必然的にホテルの手配や航空券の発券など、旅行業務も手がけることになるため、当時、吉香は旅行業の免許も持っていました。しかし、それはあくまで国際会議の参加者をアテンドするためのものであり、ツアー企画は予定したものではありませんでした。

紹介者からYについて「旅行関係でいろいろな経験があり、今は独立して小さな旅行会社を経営している。自分と事務員一人の給料ぐらいの売上がある。しかし本人は50歳近い年齢になり、安定した将来のため、きちんとした会社に入りたいと言っている」との説明を受けました。

採用するかどうか、最初は悩みました。なぜかというと、悪い予感がしたからです。

当時、会社はまだTBRビルに入居しており、お客様がいらっしゃると景色のいい窓側の部屋へお通しするようにしていました。ドアを開けてその部屋へ入った瞬間、待っていたYの姿が目に入りました。

目が合ったわけではなく、視界の片隅に彼女の姿が映っただけでした。それなのに、第一印象として「なんだか品のない人だな」と感じたのです。それでも「名の知れた企業の役員の娘の紹介だし」と、自分の心に蓋をして旅行部の部員として採用してしまいました。

今にして思えば、Yは最初から当社をカモにするつもりで吉香を狙っていたのです。紹介者からは「Yは吉香のようないい会社に入りたいと言っている」と言われ、私もまんざらではない気持ちになりました。その気持ちにつけこむかのように、入社するなり、彼女は、「航空機の発券機があると便利だから入れてほしい。私はお客様を持っているから」と提案してきました。私は、一定の顧客を持ち、それなりの売上が期待できると信用してしまい、Yから言われるがまま航空会社にお願いし、発券機を導入しました。

詐欺発覚のきっかけは匿名の電話

ちょうどロンドンに支店を開いたばかりの頃でしたから、私は頻繁にロンドンへ出かけておりました。私の目が届かないのをいいことに、Yは大量の航空券を発券し、それを次々と金券ショップに持ち込んで売りさばいていたのでした。

最初のうちは旅行部の売上が多少伸びていたため、まさか彼女が詐欺を働いているとは気づきませんでした。それなのになぜ発覚したかと言いますと、ある日、匿名の電話が私のところへかかってきたのです。

秘書が席を外していたからでしょうか、いつもは電話に出ないのに、その日に限って私が受話器を取りました。

「おたくにさぁ、Yっていう女がいるだろ」

知らない男の人の声でした。

仕事の電話にしては乱暴な口のきき方をする相手だなと思いましたから、「どちら様ですか？」と聞き返しました。すると、

「そいつなあ、弟と組んで詐欺をやっている人間だよ。だから気をつけろよ」

と言ったきり、電話が切れたのです。

私はすぐに旅行部がある部屋へ行って調べました。すると先ほどまでカウンターにあったはずの大量のチケットがなく、社員にYはどうしたかと聞く

と、「チケットを持って少し前に出て行きました」と言います。

急いでYに電話をかけて確認しようとしましたが、それからは一切、連絡が取れなくなってしまいました。

「採用したのはあなたでしょ！」

経理関係の帳簿を調べたところ、航空会社から何千万円という請求が来ていることが判明しました。回収した売上と照らし合わせてみると、多額の未回収金が残っておりました。

ことが発覚する前に売掛金の回収が遅れ気味なことが気になり「数字が合わないじゃないの、どうしたの？」とYに尋ねましたが、「集金はこれからです」という言葉をすっかり信じてしまっていたのです。

行方のわからなくなったYを探すため、彼女を紹介してくれた大企業役員の娘に事情を話し、「あなたなら居場所を知っているでしょう」と聞くと、

「知らないわよ！　採用したのはあなたでしょ、あなたの責任じゃないの！」

と別人のような口調で言われました。

私はそれまで一体、彼女の何を見ていたのでしょうか。大企業の役員の娘とは思えない言葉に耳を疑いました。「私だって100万円貸したお金、返してもらってないわよ」と彼女が言うので、私もさすがにカチンときました。「あなた、自分が貸したお金を返してくれないような人をうちに紹介したの？　それじゃ、あなたもグルじゃないの？」

思わずそんな言葉が口を突いて出ましたが、彼女は「あなたの責任よ」の一点張りで、取りつく島もありませんでした。

公団住宅を転々としていた相手を探して

ともかくYを探し出さなくてはと思い、ありとあらゆる手段を尽くして探したところ、中央区勝どきの新築の公団住宅に住んでいることがわかりました。家賃が100万円くらいの部屋です。当時100万円もする公団に入る人がいなかったので、すんなり入居出来たようでした。

当時の公団住宅は、いったん敷金を支払えば、たとえ家賃を払わなくても6ヵ月間は追い出せない決まりになっていたようです。未払いなのに場所を変えた別のところになぜ入居出来たのか今でも不思議に思っているのですが、彼女はその仕組みを悪用し、その後もあちらこちらの公団住宅を転々としながら、中小企業を相手に同様の詐欺を繰り返していました。

不当にせしめた航空券を金券ショップに売りさばくのは、Yの弟の役割でした。調べたところ、弟はうちで発行した航空券を福岡市の金券ショップにまで行って、売りさばいていたようです。

民事訴訟で勝ったものの一円も戻ってこず

Yには妹もいて、ある意味ではその妹もグルでした。

民事訴訟でYを訴え、勝訴した後のことです。会社の総務部長と裁判所の職員、弁護士、鍵業者の四人で家財道具等を差し押さえようとYの自宅へ行くと、在宅していたYはすっかり開き直り、こう言って一枚の契約書をテーブルの上に差し出したそうです。

「持って行けるものならば持って行きな」

その契約書にはテレビ、炊飯器、冷蔵庫、応接セットなどありとあらゆる生活道具一式を、妹からすべて借りている旨の内容が記してあったそうです。

これでは家財道具を差し押さえようにも、差し押さえられません。同行した裁判所の職員が「あんなに腹が立ったのは初めてだ」と言ったぐらいでしたから、Yの開き直りぶりは相当のことだったと思います。

相手ははじめから用意周到に準備していたため、不利になるような証拠類は一切残していませんでした。民事訴訟では100％勝訴しても、結局、取られたお金は一円も戻ってきませんでした。

同様の被害に遭った別の会社を訪ねて「一緒に訴訟しましょう」と持ちか

けました。最初は乗ってきましたが、その会社はYから示談を持ちかけられていたようで、こちらの呼びかけに応じなくなりました。当社もそうですが、億単位の被害を被った企業も数社あったようです。取り戻せるかどうかわからないのに、弁護士費用は払えないからと、そのほとんどが泣き寝入りしていたようです。それをいいことに、Yは私たちのような中小企業を相手に、同じ手口で何度も犯行を繰り返していたのでした。その後も繰り返していたようで10年以上経った後にも別の警察から問い合わせがあったぐらいですから。

「明日は倒産か」という日々のなかで

会社の業績は右肩上がりで伸びていましたが、相次いで起きた2つの〝事件〟で資金繰りは一気に苦しくなり、「明日は倒産か」という日々が続きました。というのも、詐欺事件が発覚した後も航空会社からの請求が続き、被害金額が膨らみ続けていたからです。

大手商社にBBCとの事業を乗っ取られた件も、Yによる詐欺も、怒れば怒るほど、むしろどんどん苦しく、切なく情けなくなる一方でした。

たとえるならば、古い打ちっ放しのザラザラのコンクリート造りの高いビルの壁を相手に、こちらは素手で、「こう言ったでしょう。ああ言ったじゃない」とただバタバタ叩いているような感覚でした。血だらけになるのはこちらだけ、相手は痛くもかゆくもありません。

それでも社員に心配はかけられません。社長室を一歩出れば、無理をして元気を装っていました。

後で触れますが、その頃、会社の仕事とは別に社会貢献をしたいとの思いから「世界平和文化交流会」を設立し、月に一度の定期講演会を開催していました。講演会では理事長として挨拶もしていました。

当時、満足に眠れない日々が続き、起きているのか寝ているのかわからないくらい意識が朦朧とすることがありました。ある時などは、理事長挨拶が終わった後、何を話したか記憶のない私は、同行した秘書に「私ちゃんと話していたかしら?」と確認するほどでした。

写真は真実を写すと申しますが、後でその当時の写真を見ますと、口は笑っていても目は笑っていないのがわかります。外では気丈に振る舞っていても、社長室に戻って一人になると悶々とし、「どうしよう」と頭を抱えていました。

損失を穴埋めするため、ささやかな財産のすべてをなげうちました。社員に給料を支払わなくてはならない月末になると、毎月、不足分を私の個人口座からあててゆきました。当時は銀行の営業担当者から「成績を上げるために1回あたりの金額よりも口数を多くしてもらいたい」と頼まれ、数十万円単位の定期預金をいくつか持っていたのですが、それらもすべて解約しました。

最終的に残ったのは自宅だけでした。じつは自宅も売りに出し、買い手も見つかってはいたのですが、いざ売ろうという段階で、売買金額よりも担保額の方が多いことがわかり、それではむしろマイナスになると気づきました。
つまり売るに売れず結果的に自宅だけは残ったのでした。

蘭の花に救われて泣いた

私は花が好きで、当時、いただいた蘭やカトレアの花を社長室に20鉢、自宅に10鉢くらい置いていました。

苦しい日々のなかでも、毎日、欠かさず手入れをしていたのですが、ある日、会社の花も自宅の花もほとんどが枯れてしまっていることに気がつきました。

唯一、社長室に最後まで残っていた一鉢が枯れてしまった時、私はハッと気づいたのでした。「この蘭たちは、私の苦しみ、悲しみを感じ、身代わりになってくれたのだ」と。そしてその最後の一鉢を抱え、私は「ありがとう、ありがとう」と泣き崩れました。自然というものは感謝などされなくても、不平不満を言わずに私たちに恩恵を与えてくれます。「天地は同根にして、万物は一体なり」と言いますが、この蘭たちは苦しむ私の代わりに枯れてくれたと思い、号泣したのでした。

涙は心を浄化するとも聞きますが、しばらく号泣しているうちに、ふっと心が軽くなっていくのを感じました。なぜか柔らかいピンクの花に包まれたような感じがし、とても優しい気持ちになれたのでした。

そうするとどうでしょう。翌日から仕事の依頼の電話が鳴り続けるという変化が起きたのです。

自分のつらい気持ちを花が受け止めてくれたのだと思うと、感謝の気持ちが湧き上がりました。憎しみに翻弄《ほんろう》されるばかりではなく感謝の想いを持てば、それが大きなエネルギーになっていくことを実感した出来事でした。

この事態を乗り越えるまで、私は本当に厳しい日々を過ごしていました。その間、節約のため昼食にはおにぎりを持参していました。「おにぎりって美味しいよ、食べない?」と秘書に渡した時、秘書が「社長は強いですね」

と言いつつ、涙を流しながらそのおにぎりを一緒に食べてくれました。自分を理解し、同じ方向を向いて一緒に歩いてくれる人間がいることが本当に心強く、勇気をもらいました。

「一番の敵は慢心」の気づき

不思議なもので、それからはいいことばかりが続きました。急に売上が増えると、当然ながら社員への給与や顧客から入金がある前に通訳者らへの支払いを済ませなければならず、その結果、資金繰りに窮します。ところが、そんな時に翌月入金のはずだった売上金が月内に入金されたり、思いがけない仕事が舞い込んできたり……。

海外で予想外の突発的な大事件が起こり、テレビ局から立て続けに通訳の依頼が舞い込み、助かったこともあります。

思考することはエネルギーのもとです。振り返ると、見えないエネルギーが私を支えてくれたような気がします。それはおそらく感謝することから生まれた見えないエネルギーが私を応援してくれ、目をそらさずに見たくない自分の内面を直視した結果ではなかったかと思います。

冷静に振り返ってみれば、厳しい状況も自らの「慢心」が招いた結果でした。すべて自分で決断し、決めた道でしたのに、誰が悪い、彼が悪いと他人を責めました。しかし、それを事前に「見抜けなかった責任」は当然、私自身にあります。

そのことに気づき、素直に認め、感謝の心が湧き起こった時から、事態は好転していきました。それまでの不安でマイナスな気持ちは消え失せ、感謝の感情が湧いてきたのです。

それと同時に仕事がまた増えていったことは、自分自身の意識がいかに大切かということを教えてくれました。よくよく考えてみれば、人間はすべて一日一日、一つひとつのことをすべて選択しながら、自らの人生を形作っています。

人生の岐路に立った時、右か左、どちらを選択するかによって人生は変わります。すべては自分自身が選択した結果であり、自分の責任だと認めた時から人生は変わるものだと実感いたしましたし、このことがすべての基本だと思いました。

負債の解消には結局、５〜10年の歳月を費やしましたが、社員一人ひとりとともに成長でき、「ともに頑張ろう」という気持ちで一体化していったように感じました。私自身、嬉しく、豊かな心になれたように思います。給料を遅配することもなく乗り切ったことで社員との信頼関係も増したように思います。

このきっかけを私に与えてくれたのも、私の身代わりとなって枯れていった胡蝶蘭たちだったのかもしれません。

第5章

世界平和実現のためゴルビーを招聘

世界平和文化交流会を創設

会社経営を続ける一方で、常日頃から世の中のために何か役立ちたいと私は考えておりました。

そして会社運営が12年一巡《ひとめぐ》りし、順調に歩み出していた頃、私の中に「日本のために何かしたい」「日本から平和のメッセージを発信したい」という思いがむくむくと湧いてきました。

中国で天安門事件が起きたのは1989年6月です。その同じ年の11月には東西ドイツを隔てていたベルリンの壁が崩壊しました。12月には地中海のほぼ中央に位置するマルタ共和国で、米国のジョージ・H・W・ブッシュ（父）大統領と、旧ソビエト連邦のミハイル・ゴルバチョフ書記長（のちに大統領）との首脳会談が行われ、これにより戦後、長く続いた「東西冷戦」が終結しました。

これを契機に各地域の国や民族が独立と文化の多様性を主張し始め、人類は新たな時代への一歩を踏み出そうとしていました。

私は「超大国に代わり、多国間会議、国際機関、民間企業、地方自治体、非政府機関が紛争の解決や開発援助の分野で果たす役割はますます重大になっている。日本はもっとイニシアチブを発揮すべきではないか」と考え、日本国内外の企業や政府関係者、学識経験者、ジャーナリストなどの賛同・協力を得て「世界平和文化交流会」を作ろうと動き始めました。１９９１年7月のことでした。

「世界平和文化交流会は、平和、文化交流、国際理解の促進を目的とする非営利の民間団体です」

私は、そう熱く語りながら、ツテをたどり、企業の協力を募って歩き回りました。その結果、当時の三菱重工の飯田庸太郎会長をはじめ、多くの方々が発起人になってくださいました。そして、言い出しっぺだった私が理事長を務めることになりました。

一流人から学ぼう

私は、日本で世界平和を考え、新しい時代の秩序を摑むためには、旧ソビエト、ヨーロッパ、アメリカの動向を踏まえる必要がある、と考えました。そこで私が最初に目をつけたのが、旧ソ連で「ペレストロイカ」と呼ばれる改革開放を成功させた立役者、そしてあの共産圏の国の中から核削減への道筋をつけ、冷戦終結に導いたゴルバチョフ氏でした。核兵器の拡散に歯止めをかける米ロ合意にこぎつけ、核戦争は許されないと世界平和のために立ち上がったゴルバチョフ氏に、敬意と興味を覚えました。

ゴルバチョフ氏は1990年3月、ソ連の初代大統領に就任し、同年10月にはノーベル平和賞を受賞。その後、91年12月、ソ連崩壊に伴い大統領を辞任し、モスクワで「国際社会経済・政治研究基金（通称：ゴルバチョフ財団）」を設立し、会長を務めていました。

また、行財政改革と産業構造の転換を実行し〝鉄の女〟の異名を取ったイギリスのマーガレット・サッチャー氏を呼んで、日本から平和のメッセージを発信したいと強く願い、実行に移そうと思い立ちました。米国に関してはブッシュ（父）氏を招聘《しょうへい》しようと考えました。

いずれも、世界を牽引した世界の一流人から、じかに話を聞き、皆で学び合おうという考えからでした。

しかし、サッチャー氏やブッシュ氏とは条件が合わなかったり、日程が合わなかったりで、招聘できずに終わりました。しかし、ゴルバチョフ氏は別でした。実際に日本へ招くことができたのです。

ゴルビーに通じた手紙作戦

ゴルバチョフ氏を招聘するにあたり、何か特別な手段を使ったのだろうと思われるかもしれません。しかし、実際はとてもシンプルでした。思いの丈《たけ》を手紙にしたため、それをロシア語に翻訳してもらい、ゴルバチョフ財団に郵送したのです。92年の春頃だったと思います。

残念ながら返事は来ませんでした。それでも気にせず、２回目の手紙を書きました。やはり返事は来ませんでした。

そんなある日のことです。

当時、吉香のオフィスがあったＴＢＲビルのエレベーターの中で秘書と「ゴルバチョフさんから返事が来ないわね」などと雑談していたところ、後ろから突然、流暢な日本語で「俺、ゴルビー（ゴルバチョフ氏の愛称）の秘書を知っているから声をかけてあげようか」という声が聞こえました。驚いて振り向くと、そこにいたのは小柄なロシア人男性でした。

そのロシア人男性は「連絡を取ってあげてもいいけれど、その代わりゴルビーが『会う』と言ったら、必ずすぐに会いに行きますか？」

と言うので、

「もちろん、すぐに会いに行きます」

と答えました。このロシア人が誰であるのか明確な記録は残っていないのですが、たぶん、在日ロシア大使館員だったと思います。

それから1週間後、その男性が再びオフィスにやってきて、

「まずは秘書が会うと言っている」

と伝えてくれました。

指定された日時までそれほど間はありませんでしたが、急いでビザを取り、私はモスクワへと向かいました。モスクワでは、知り合いの『毎日新聞』政治部の記者が紹介してくれた同紙のモスクワ駐在特派員が通訳してくれました。その特派員は「日本の新聞記者がゴルバチョフ氏と単独で会うのはなかなか難しいんです。ですから、通訳ができる機会を与えて下さり、かえって有難いです」と喜んでいました。

この時は秘書とだけ面会し、秘書は「次回はゴルバチョフのスケジュールをとります」と約束してくれました。「ノー」ではなかったことから一縷の望みを持つことができました。

モスクワ空港でいきなりのＶＩＰ待遇

それから約１ヵ月後、「ゴルバチョフ氏の日程がとれた」との連絡が入り、再びモスクワに飛びました。

飛行機のタラップを降りると、

「吉川さんですか？」

と聞かれました。

「はい、そうです」と答えると、「どうぞ」とそのままＶＩＰルームのようなところへ連れて行かれ、コーヒーをご馳走になりました。

しばらく待っていると、使いの人がやってきて、

「お車が来ましたから、どうぞ」

と言われました。

「まだ荷物も取っていないのですが」

と言うと、

「もう車に積んであります」

という返事。何もかもＶＩＰ待遇でした。

用意された車に乗り、ホテルまで送っていただきました。ホテルに着いてロビーを見回すと、新聞を読んだり、何か雑誌を見たりしながら、何かただならぬ空気を漂わせた男たちが、そこかしこにいることに気がつきました。チェックインを済ませるまでに2時間くらいはかかったでしょうか。

この時も、通訳は『毎日新聞』モスクワ支局の駐在記者にお願いしていたのですが、その記者とホテルのロビーで合流した際、「なんか胡散臭い人がいますね」と話しかけると、「あれは全部、監視役だから下手なことは話さないほうがいい」と言われました。

ゴルバチョフ氏と初めて面会した時のことは緊張していてあまり覚えていませんが、「日本にゴルバチョフさんのファンは多いです。できれば日本へ来てお話ししていただけませんか？」という主旨のことをお伝えしたと思い

ゴルバチョフ氏と記念撮影

ます。もちろん、すぐにオーケーという返事はいただけませんでした。

この席でゴルバチョフ氏は、

「僕と一対一で会う日本の女性はあなたが二人目です」

と言われました。「お一人目はどなたですか？」と尋ねると、「土井たか子さん（衆議院議員、日本社会党委員長）です」と答えました。

1995年2月、ゴルバチョフ氏が日本にやってきた

その後、3回、4回とゴルバチョフ氏のもとを訪ね、4回目の時に初めて
「訪日の日時などの詳細は秘書と話してください」とオーケーしてくださいました。
そして1995年2月2日、ゴルバチョフ氏がライサ夫人を伴い、私たち「世界平和文化交流会」などの招きで日本にやってきました。最初に手紙を送ってから約3年の歳月が過ぎていました。

一国の元大統領を日本へ呼ぶなど、私があまりにも素っ頓狂な発想をするものですから、最初のうち、社員は「呼べるわけがない」と思っていたようです。しかし、実際に来日が決まり、シンポジウムで基調講演をしてくださるとわかった時、社員の多くは「本当に実現しちゃった」と目を白黒させていました。

ゴルバチョフ氏は翌3日、東京都内のホテルで開いた「世界平和文化交流会第3回シンポジウム」の中で「ゴルビー・その人と政治哲学　冷戦終結後の平和の再構築」のテーマで講演してくれました。

この中で同氏は「冷戦後、民族意識の高まりとともに各国で分断、崩壊が起き、世界は危機的状況にある。各国は『多様性の中の統合』を目指すべきだ」と指摘。日本とロシアとの関係については「相互補完的な環太平洋国家として両国の善隣と協調、調和の道を歩むべきだ」と強調し、会場を埋めた聴衆から大きな拍手を受けました。またその後のパネル・ディスカッションでは石原慎太郎（衆議院議員・元運輸大臣）や中山太郎（衆議院議員・元外相）、福川伸次（電通総研社長・元通産事務次官）、袴田茂樹（青山学院大学国際政治経済学部教授）、飯坂良明（学習院大学法学部教授）の各氏らが加わり高島肇久氏（ＮＨＫ解説委員長）の司会進行で意見交換が行われました。

　余談になりますが、このシンポジウムを開いた日は「節分の日」でした。そこでシンポジウムの後、別の会場で鏡開きや豆まきを行いました。ゴルバチョフご夫妻は、鏡開きの時は法被《はっぴ》を、豆まきの時は裃《かみしも》をまとい、とても喜んでくださいました。豆まきの際は、会場にロシア大使館をはじめ各国の子供たち30人ほどを招き、皆で「福はうちー、鬼はそとー」と声を張り上げました。楽しい思い出となりました。

　ゴルバチョフ氏は講演料を、規定の半分にしてくれるなど実にやさしい方でした。そうしたこともあり、「お礼を言いたい」と考え、講演会が終わった後、5回目のモスクワ訪問をしました。ゴルバチョフ氏は「日本訪問は楽しかった。私は日本が好きだ」と言ってくださいました。

ゴルバチョフ氏来日記念シンポジウム

本の推薦文と〝証拠〟の写真を送ってくれたゴルビー

この本の帯文にゴルバチョフ氏の言葉が紹介されていますが、これが実現したのも同氏のやさしさからでした。

実は2019年6月、「本の出版にあたり、大ファンであるゴルビーさんに帯文を書いてもらうというのは可能でしょうか。もしよろしかったらモスクワに伺います」と手紙を出しました。

そうしたら、すぐに、

「会った時間は短かったものの、長年、記憶に残る人がいます。吉川稲さんは、まさにそういう人です。モスクワで知り合って約25年たちましたが、その出会いのみならず、吉川さんの主催した文化交流の国際会議のこともよく覚えております。指導者としてのご自身の豊富な経験について吉川さんがお書きになる著書が、専門家としてのみならず、人間として成長を目指してい

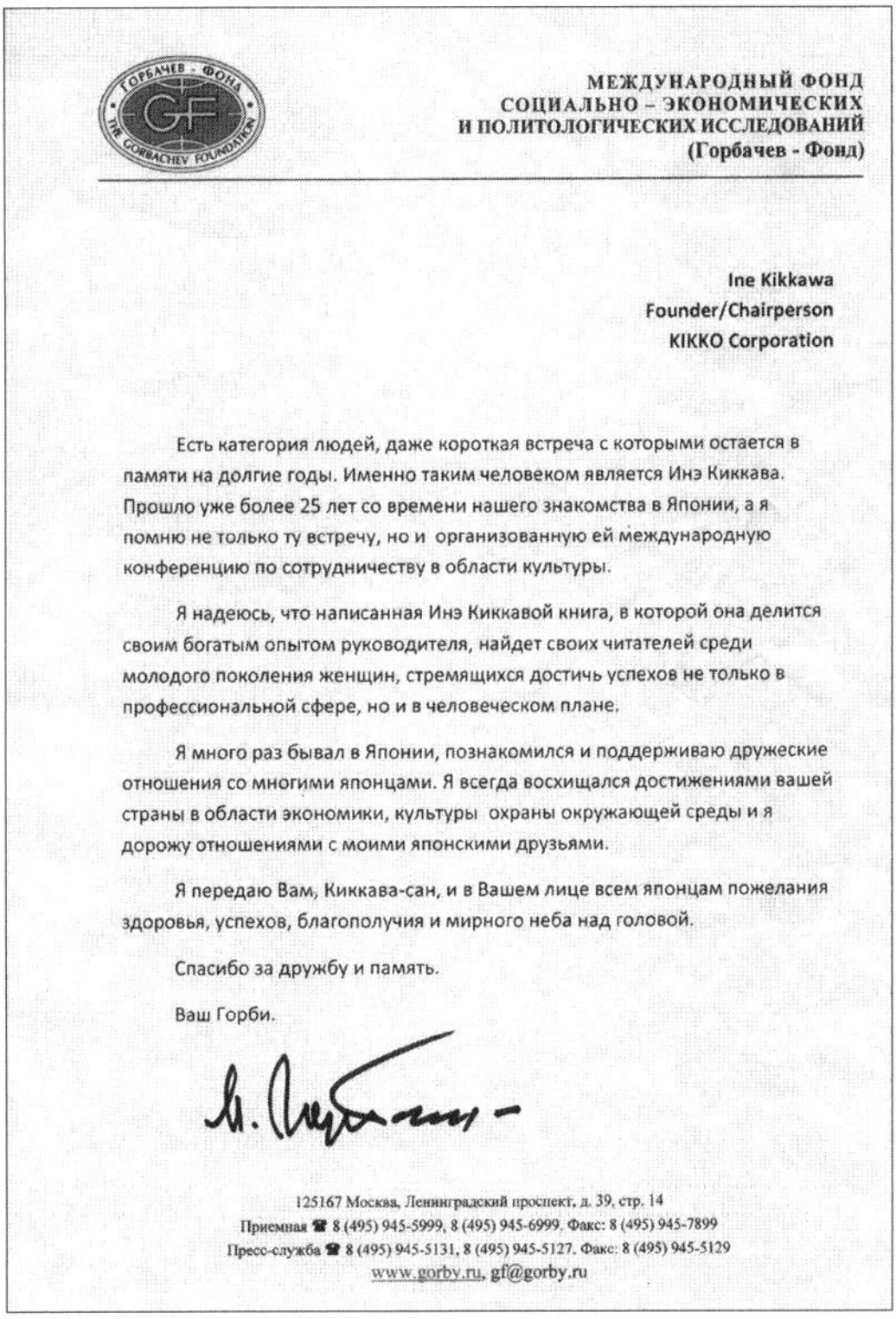

МЕЖДУНАРОДНЫЙ ФОНД
СОЦИАЛЬНО – ЭКОНОМИЧЕСКИХ
И ПОЛИТОЛОГИЧЕСКИХ ИССЛЕДОВАНИЙ
(Горбачев - Фонд)

Ine Kikkawa
Founder/Chairperson
KIKKO Corporation

Есть категория людей, даже короткая встреча с которыми остается в памяти на долгие годы. Именно таким человеком является Инэ Киккава. Прошло уже более 25 лет со времени нашего знакомства в Японии, а я помню не только ту встречу, но и организованную ей международную конференцию по сотрудничеству в области культуры.

Я надеюсь, что написанная Инэ Киккавой книга, в которой она делится своим богатым опытом руководителя, найдет своих читателей среди молодого поколения женщин, стремящихся достичь успехов не только в профессиональной сфере, но и в человеческом плане.

Я много раз бывал в Японии, познакомился и поддерживаю дружеские отношения со многими японцами. Я всегда восхищался достижениями вашей страны в области экономики, культуры охраны окружающей среды и я дорожу отношениями с моими японскими друзьями.

Я передаю Вам, Киккава-сан, и в Вашем лице всем японцам пожелания здоровья, успехов, благополучия и мирного неба над головой.

Спасибо за дружбу и память.

Ваш Горби.

125167 Москва, Ленинградский проспект, д. 39, стр. 14
Приемная ☎ 8 (495) 945-5999, 8 (495) 945-6999. Факс: 8 (495) 945-7899
Пресс-служба ☎ 8 (495) 945-5131, 8 (495) 945-5127. Факс: 8 (495) 945-5129
www.gorby.ru, gf@gorby.ru

ゴルバチョフ氏から届いた本書の推薦文

る数多くの若い女性の読者に届くことを願っています。

私は何回も日本を訪れ、多くの日本人との交友関係を大事にしています。経済、文化、環境保護などの面においての日本の実績に昔から感動していま す。吉川さん、そして日本の皆様のご健康とお仕事の成功、幸福と平和を願っています。ゴルビーより」

という文章とともに、名前をサインしているところを写した写真が届きました。写真は、本人が書いたことを証明しよう、というお考えだったようです。

温かい内容に感激し、「お礼を言おう」とモスクワに行くことを決めました。出掛ける前、ゴルバチョフ氏の男性秘書に「お土産は何がいいかしら」と聞くと、

「糖尿病をわずらっているので、食べ物だったら注意してほしい。日本的なものだったら羽織なんか喜ぶのではないかな。しかし、以前より太ったのでサイズは大きめがいいでしょう」

本書の推薦文とともに、写真にサインをくれたゴルバチョフ氏

とのことでした。すぐに都内のデパートを探して回り、大きめのダークグレイの羽織をようやく見つけ、7月、モスクワに向かいました。24年ぶり6回目の訪ロでした。

88歳のゴルバチョフ氏と24年ぶりに再会

ゴルバチョフ財団に行くと、88歳になったゴルバチョフ氏はやさしい笑顔を見せながら「覚えているよ。変わってないね」と歓迎してくれました。

同財団の玄関には沖縄の民族衣装を着た少年とゴルバチョフ氏が写った写真が飾られていました。理由を聞く私にゴルバチョフ氏は、

「僕は沖縄のことが大好きです。僕のことを本の中に書く時は、そのことを紹介してほしい」

と言っていました。以前、沖縄の女性団体がゴルバチョフ氏を招いたことがあり、それも沖縄好きになった理由の一つだったようでした。

ゴルバチョフ財団の玄関に飾られた沖縄の少年の写真

そしてゴルバチョフ氏は、２０１８年8月に膵がんで亡くなった翁長雄志沖縄県知事の名前をあげ、「葬式に行けなかったのは残念だった。代わりに追悼のメッセージを送った」と言っていました。

東京から持参した羽織をプレゼントすると、すぐに背広を脱ぎ、羽織を着ようとしました。私が羽織をかけてあげると、うれしそうな顔をして私をハグしてくれました。この席でゴルバチョフ氏は「2年後に90歳の誕生日祝いをするから、またその時も来てください」と言ってくださいました。

さらにゴルバチョフ氏は、自分の写真アルバムを見せてくれました。その中にライサ夫人の写真を見つけ、

「ライサが亡くなって、20年が過ぎたんだよ。まだ寂しいね」

と漏らしました。一人娘は結婚して別のところに住んでいるといい、一人暮らしのようでした。夫人の写真を見入る姿は、人間ゴルバチョフの、他人には見せない一面に触れたような気がしました。

余談になりますが、２０１９年12月17日付の『朝日新聞』朝刊に、ゴルバ

チョフ氏の単独会見記事が掲載されました。同氏が１９８９年12月、ブッシュ（父）米大統領とマルタで会談し、冷戦終結を宣言して30年が過ぎたのを機にインタビューに応じたものでした。

この中でゴルバチョフ氏は、中距離核戦力（ＩＮＦ）全廃条約や弾道弾迎撃ミサイル（ＡＢＭ）制限条約、新戦略兵器削減条約（新ＳＴＡＲＴ）など核兵器拡散に「歯止め」をかける米ロ間の合意が相次いで消え去ろうとしていることに対して、

「核なき世界へ向けた動きを復活させなければならない。米ロ両国はまず対話を再開すべきだ」

などと主張されていました。ゴルバチョフ氏の指摘は重いと思います。米ロ両国首脳が腹を割って話し合い、核軍縮が進むことを願ってやみません。

世界平和文化交流会を計100回開催

時間は前後しますが、世界平和文化交流会は、ゴルバチョフ氏の講演会を含め、1992年から2010年までの間に計5回の大規模な講演会・シンポジウムを東京都内で開催しました。それぞれのテーマと主な講師は以下の通りでした（敬称略・肩書きは当時）。

▽第1回（1992年2月28日）＝テーマ「冷戦後の世界と日本の選択」。主な講師はマイケル・V・コスティー（米国国際問題研究所理事）、諸井虔（秩父セメント会長）、小倉和夫（外務省経済局長）、中西輝政（静岡県立大学教授）。

▽第2回（1992年12月12日）＝テーマ「人間・文化・地球」。主な出席者および講師は高円宮憲仁親王殿下、千宗室（裏千家家元）、グレゴ

高円宮ご夫妻をお招きして

リー・クラーク（上智大学教授）、大宅映子（ジャーナリスト）。
▽第3回（1995年2月3日）＝前述の通り。
▽第4回（2002年3月5日）＝テーマ「人の生き方を自然から学ぶ」。主な講師は藤原正彦（お茶の水女子大学教授）、中曽根弘文（元文部大臣）、浜田広（リコー会長）、金美齢（台湾総統府国策顧問）。
▽第5回（2010年5月8日）＝テーマ「サッカーを通じた国際交流の可能性」。講師は川淵三郎（前日本サッカー協会会長）。

以上の大規模な講演会・シンポジウムのほかに、世界平和文化交流会は年間8回ほど、計95回の月例会を開催しました。合計100回に達したところで休会に入りました。後で触れますが、女性の地位向上のために力を尽くしたいと全国商工会議所女性会連合会会長（東京および関東女性会会長を含む）に就任し、その仕事が忙しくなったことなどが理由でした。

謙虚な姿勢とさりげない気配りの石原慎太郎氏

国内で「すごい人」という意味で私がよく社員たちに話してきたのは、元東京都知事の石原慎太郎氏のことです。歯に衣着せぬ発言がたびたび話題になり、時には批判されることもあった石原氏ですが、じつは想像以上に気配り、目配りをされる人です。

これは、知事時代の石原さんを囲んだある勉強会で〝目撃〟したことです。何かの拍子で石原さんが知らない話が話題に上ったことがありました。すると、

「その話、僕は知らないな。詳しく教えて」

と居住まいを正しながら発言者に向き直り、真摯に耳を傾けていました。このような立場にまで登りつめた方が「オレ、知らないから……」と言う勇気に、私は感動を覚えました。その姿を目にした時、マスコミでは報道され

ない謙虚な人柄にじかに触れるとともに、人間の器の大きさを感じました。

実は、前述したゴルバチョフ氏の講演会の際、シンポジウムの一番重要なパネラーとして、外務省出身のある大物の元外交官を予定していました。しかし、この元外交官が、講演会の1週間前に「都合で出席できなくなった」と言ってきたのです。困りはてた私は石原さんにピンチヒッターを要請しました。石原さんは、すべての予定をキャンセルし、私たちの講演会に参加してくださいました。

もう一つ、石原さんの気配りを感じたことがありました。2011年、石原さんが東京都知事選で4期目の当選を果たした時のことです。

勉強会などでお世話になっていましたから、開票当日の当選祝いの際、個人的なお祝いのつもりで花束を持っていきました。

私はその時、たまたま足を怪我してしまい、松葉杖をついていました。松葉杖姿で花束を渡すのもどうかと思い、最初は花束だけを置いて帰ろうと思っていました。

何度もピンチを救ってくれた石原慎太郎氏に花束を渡す（©読売新聞社）

しかし、石原事務所の人が「直接渡してやってくれませんか」とおっしゃったので、松葉杖を椅子の下に置き、そろり、そろりと壇上の石原都知事へと向かって歩いて行きました。

すると、その様子を見ていた石原さんは、壇上からでも十分に受け取り可能な距離でしたのに、すっと壇の下まで降りてきてくださり、笑顔で、

「ありがとう」

と花束を受け取ってくださったのです。そのさりげない気配りにも感動しました。

正義感を発揮し、急遽代理出席してくれた石原氏

実は、石原さんに急場を救われたのは、ゴルバチョフ氏の講演会の時だけではなく、その後も、ひとかたならぬご恩を受けたことがありました。

私が東京商工会議所女性会の会長をしていた時のことです。例年通りの新

年会を開催することになり、猪瀬直樹東京都知事を含む来賓が出席する予定でした。

　ところが女性会の次期会長の選出をめぐり、私に対抗しようとしたある女性が同会議所の幹部を抱き込み、非協力の姿勢をとり、その一環として猪瀬知事のほか来賓の新年会出席をつぶそうと動いたのです。当時の上層部のスケジュールを確認して決めた日程だったにもかかわらず、でした。猪瀬知事は、新年会の前日の夕方、欠席を伝えてきました。

　代役を立てる時間は限られており、私は頭を抱えました。悩んだ末、日頃からお世話になっていた石原前都知事に電話で相談しました。

　それに対して最初のうちは、

「明日のことを今日、言われても、俺だってどうしようもないよ。もっと早く言ってくれたら行ってやったのに……」

　とおっしゃっていました。しかし、私が途方に暮れているのを知り、

「わかった。俺が猪瀬に言っておいてやるよ」

と言ってくださいました。

あまりに時間的にも切羽詰まったお願いでしたので、さすがに無理だろうと諦めかけた午後10時過ぎ、「明日の俺の方の予定をキャンセルした。俺が代わりに行くよ」という電話がかかってきました。

正義感が強い石原さんは、翌日の予定をキャンセルして駆けつけてくださったのです。思わず涙がこぼれました。当日会場に石原前都知事が入ってこられた時には会場から大きな拍手が湧き、盛り上がりました。

前述した通り、ゴルバチョフ氏を招聘した際、メインのパネリストに急遽キャンセルされて困っていた時も、前日夜に予定を変更して出席してくださいました。本当に足をむけて寝られない恩人です。

このように一流の人ほど、細かな部分で気配り、目配りをされているものです。石原さんはその後、都知事を辞めて衆議院議員になられました。「衆議院議員になった以上は、ぜひ内閣総理大臣になってほしい」と勝手に考えたりしたものですが、残念ながら、それは実現しませんでした。

鉄の女サッチャーさんの背中に見た凄み

イギリスの元首相で〝鉄の女〟と言われたサッチャーさんも日本に招きたいと考えた一人でした。しかし、残念ながら実現しませんでした。

でも私は、サッチャーさんに東京でお会いしたことがあるのです。

帝国ホテルで開かれた数十人の女性経営者らによる朝食会の席でのことでした。私はサッチャーさんの講演が始まる前にトイレに立ち、会場へ戻ろうとした際のことです。偶然に、私の前をサッチャーさんが首をうなだれ、お疲れの様子で歩いておられました。

前日、深夜までテレビ出演をした後、早朝からの朝食会ですから、さぞお疲れだったろうと思います。

先に行って待っていなくてはいけないけれど、追い抜くのも申し訳ない——。迷いつつも、会場に入ったら急いで着席しようと思い、後ろからそっと静かにサッチャーさんについて行きました。

驚いたのは、会場に一歩足を踏み入れた瞬間、サッチャーさんの背筋がすっと伸び、別人のようになったことです。それはもう、あっけにとられるほどの変わりようでした。そのあまりの変化に、私は〝鉄の女〟の本当の凄みを実感しました。

さっと演台に向かい、怒濤のように英語で話し始めたサッチャーさんを見ながら、ここにいる女性たちのうち、サッチャーさんのあの後ろ姿を見たのは私だけなのかと思うと、何かドキドキするほどの感銘を受けました。

第6章

全国商工会議所女性会連合会会長に

2万5000人の女性経営者団体

すでに述べましたように、私は1979年に吉香を起業しましたが、それから3年くらいが過ぎた頃、東京商工会議所会員になることを誘われ入会しました。まもなく先輩女性経営者から誘われ、同会議所の女性会にも入りました。

その後18年間、理事、常任理事、副会長を務め、2007年11月には前任者からの推薦を受け同女性会の会長に就任しました。同女性会の規約で東京の女性会会長が全国の女性会の会長になることが決まっているため、全国商工会議所女性会連合会会長にも就任しました。

この当時、全国の自治体のうち403の自治体に女性会があり、そこに所属する女性経営者は2万5000人を超えていました。「女性の時代が到来した」と言われながら実質的には「まだまだだ」と感じていた私は「女性の地位向上のために何かお手伝いができるのではないだろうか。やるからには真剣に取り組もう」と決意して引き受けました。

特に私は、地縁関係の強い地方の女性経営者の方々は、都会に比べると、古い因習にとらわれた厳しい環境の中でお仕事に取り組んでおられると感じておりましたので、会長に就任後、地方からお声掛けいただいた時には積極的に出向き、問題点などを聞かせていただき、共に対策を考えようと話し合いました。

また女性会の全国大会には、3000人以上の女性経営者が集まりますので、思いを伝えるには良いチャンスでした。

前述しましたが、自分自身が倒産の危機に直面していた頃、社長室に飾ってあったたくさんの胡蝶蘭が、世話はしていたのに次々と枯れてしまったこと、その際、蘭の花々が私の嘆きや苦しみを受け止めてくれたと思ったこと、さらには「人間は生かされている存在なのだ」「万物は一体なり」と言われているようにまさに蘭が私の代わりになってくれたと感じ、感謝の想いに心が満たされ号泣したことなどを３０００人を超える女性の前で話しました。私の厳しい体験が、女性経営者たちの奮起に役立てばと思ったからです。

女性が本当に活躍できる社会を目指して

このほかイチロー選手がスランプで打てなかった時のインタビューに感激したことも話させていただきました。スランプで打撃が振るわなかった時期が続いた時、イチロー選手はインタビューでの「苦手なピッチャーだったために打てなかったのですか？」という問いに、「いいえ、そのピッチャーは自分を育ててくれる良いピッチャーです。だから自分も相手に成長してもらえるような良いバッターになりたいと思っています」と答えたのです。

また、メジャーリーグでは試合で使ったグラブを箱に入れておくと、翌日までには球団職員らによりきれいに磨かれて準備されているそうなのですが、イチロー選手は、「グラブは自分の身体の一部です。自分で丁寧に磨いて翌日に備えています」と話されていました。彼のインタビューに、私はいつも感動させていただいていましたので、そういったエピソードをよく話しました。

企業の規模の差はありましても、女性経営者が、中央だけでなく地方の方の純粋な想いを受けとめて、それを一つに出来たなら社会はもう少し良くなるのでは、と感じておりました。そのため「それが実現出来れば女性の時代と言われるに相応しい日本に近づくのでは」と、力不足ながら行動しました。

全国大会は年に1回開かれますが、私は在任中、会長として6年間、連続して出席させていただきました。壇上からお話しさせていただいております と、集まった3000人の会場の皆様の想いがひしひしと伝わってきて、想いは一つになり、同じ方向をむいて一緒に歩いていける、私の心は皆様と同じなのだ、と実感できました。特に日本を地方から元気にしていきたいという、地方の女性経営者の熱意がひしひしと響いてまいりました。

ただし女性経営者には、大同小異であれ大きな目標を掲げて結束し、他人を応援するという気構えが少ないように思えました。新年会の開催を阻止するような自我や損得感情を重視するより、強い信念を持ち、公に尽くすという気持ちを共有しなければ、女性として自立し、本当に活躍出来る社会は実現しないのではないでしょうか。男性経営者も、そうした女性たちを冷たい目で見るのではなく、女性を育てようという気持ちを持たなければ事態は一向に変わらないと思います。

私の全国商工会議所女性会連合会会長としての任期中盤まで「地方の会員を含めて全国的に一体となって本格的に活動できるのでは」という希望が芽生えつつありました。ところがその後、ある時点から、組織内に根強く存在する〝ガラスの天井〟が姿を現し、残念ながら私の思いは実現するに至りませんでした。退任の際には、事情を知った全国の女性会の役員や会員の皆様から「お疲れ様でした！」との激励や、「とても良い勉強になったので、ぜひ再登板してほしい」など３００通を超えるお手紙や署名が届きました。感激と共に、良い友を持てた出逢いに、感謝の思いに包まれたことが思い起こされます。また今もおつきあいが続いていることを嬉しく思っております。

先人から学んだ引き際の重要性

理事長を務めた世界平和文化交流会や、会長を務めた全国商工会議所女性会連合会の活動などを通じ、政官財界で活躍されている一流の方々とお目にかかる機会も多くございました。そうした出会いから学ばせていただいたことも数多くあります。とりわけ、引き際の大切さ、地位に対する執着心を持たないことの大切さは、諸先輩方の後姿から教わった重要な心得だと言っていいでしょう。

日本は二度目の東京オリンピック・パラリンピックを間近に控え、吉香の事業もより一層、飛躍が期待される時期を迎えつつあります。日本代表チームの活躍が話題になったラグビーW杯でも、吉香は海外から日本へいらっしゃる選手やお客様をホテルや試合会場へお連れするサービスなどを提供させていただきました。

創業時は、国全体が右肩上がりで、一の努力でも五の成果が得られ、「自分に力があるからだ」と錯覚しそうな時代でした。しかし今は違います。このまま社長の座に居座っていては、やがて、その地位にしがみつくようになってしまう。まだ余力のあるうちに第一線を退くのがいいのではないか――先輩経営者の背中を拝見しながら、いつしか、そう思うようになりました。

そして70歳を超えたら、経営をバトンタッチしようという目標をたてました。いつの時代も、新しいアイディアを実現するのは若い人たちです。私が気力・体力を失うギリギリまで社長として粘ってしまえば、後に残された社員は不安になるでしょう。また、時代に合った経営に切り替えるには、私自身にまだ余力があるうちに一歩引くことが大事だと判断いたしました。たまたま創業時に生まれた人が社員として入社するほど時は流れ、こうした年代の社員の行末も考えるようになりました。

その結果、私は２０１６年７月、社長を退任することを決断し、吉香は同年8月、教育事業を営む株式会社「ウィザス」のグループ企業の一員となりました。「ウィザス」を選んだのは元々私は教育事業に関心をもち、携わってみたいと考えていたからです。

退任の挨拶状を送ったところ「見事な引き際」と言ってくださった方もおり、良い時に退任出来たと思っております。

新しい社訓

社長を交代するにあたり、私は今までの思いを後任の生駒富男現社長に伝えました。生駒社長はそれを取り入れて新しい社訓を作ってくださいました。

【感謝】

全てに〝ありがとう〟の心を持ち、「感謝」と「貢献」の出発点とすること。

【秩序】
物事の正しい順序・道筋・恩義を守り、周りからの「信頼」を得ること。
【知行合一】
自然から学び実践し、「自己成長」を楽しむこと。

7つのアテンダント心構え

また併せて、新たに7つのアテンダント心構えも作りました。

一、会合を「縁の下で支える華」だと心得ています
二、「笑顔」でおもてなしの心を表します
三、マニュアル化されたサービスではない「心遣い」を提供いたします

四、頂いたお仕事は全て、事前の準備と振り返りを行います
五、お仕事は全員で共有し、引き継いで行きます
六、会合に携わる皆様とのコミュニケーションを大切にします
七、日々の「自分磨き」を怠りません

第7章　すべての出会いに感謝を

母の教えを胸に

私は7人兄弟・姉妹の末っ子として生まれました。上の姉二人は生まれて間もなく、それも私が生まれる前に亡くなったため、実際は5人兄弟・姉妹として育ちました。

父母の実家はともに、昔、庄屋と言われた地主で、人様の土地を踏まずに駅から隣りの駅まで行けたというくらいの広大な土地持ちだったようです。母がお嫁に来る際には、お手伝いさんを連れて来たそうです。

私が生まれる前ですが、父は教師を辞めて飛行機の部品を作る会社を営んでおり、家は比較的裕福だったそうです。私の知る生家は1200坪の広さで、敷地には母屋と納屋のほか梅林もあり、自宅から門までは数十メートルもの距離がありました。

自宅には当時としては珍しい乗用車もあり、一番上の兄は小学生の時は埼玉県から東京都内の私立学校へ運転手付きの車で通っていて、その頃は家にたくさんのお手伝いさんもいたそうです。

父も戦争に召集され出征しました。無事に戦争から戻ったのですが、結核にかかっていて、その治療費は大きな負担になったそうです。

父の結核の治療のため、当時のお金で一本1万円はしたというストレプトマイシンの注射を打ち、そのたびに持っていた田畑を売りに出すことを続けた結果、家計はだんだん苦しくなっていったといいます。

たくさんいたお手伝いさんが一人減り、二人減り、気がつくと誰もいなくなり、都内の学校へ通っていた兄も、途中からは地元の学校へ通わざるを得なくなったそうです。

母は家を再興したいという思いが強かったのでしょう、「吉川家の名前を汚すようなことをしてはいけない」「吉川家の人間として恥じることのないように生きよ」と事あるごとに言っていました。

人間として大事なことは何かと聞かれた場合、私は、終始一貫して「礼

吉川家の出身は山口県岩国市

儀」「秩序」「恩義」と答えてきました。これは厳しかった母の影響もあります。

また仕事をする上では、信頼を第一に考えてきました。信頼とは何かと言えば、やはり恩義を忘れず、礼儀を欠かさないことだと思います。

社員が一斉退社して学んだこと

吉香を立ち上げて1年が経った頃のことです。社員が一人を残して全員が一斉に退社するという出来事がありました。

この当時は、仕事が順調に回り始め、私も多少、鼻が高くなっていたのだと思います。

「恩義は忘れないように」

「ちっぽけなプライドは捨てなさい」

などと社員に対し、自分と同じ気持ちになってもらいたいと、厳しくあたることが増えたのかもしれません。

　社員は、5人くらいいたと思います。役に立つと考え、しつけのつもりで話していた私に反発し、そろって辞表を出したのです。

　最後に一人残ったのが、入社したての下里明子さんでした。下里さんとはその頃時々、契約が決まった、成功した、失敗したと言っては、居酒屋に行き乾杯しておりました。

　社員が一斉に辞めてしまった理由がよくわからなかった私は、下里さんに尋ねました。

「どうして？」

「私が間違っていたの？」

　社員のためを思って接したつもりだったのに、結局は、彼らや彼女らを追い詰めてしまった。そのことがとても残念でならず、「私は社員を活かしてあげられなかった！」と、居酒屋で人目もはばからず、大声で泣いたのを覚えています。

下里さんはこの時、私が辞めていった社員の悪口を言ったら自分も会社を辞めよう、と思っていたそうです。社員を活かしてあげられなかった自分が悪いと泣く私の姿を見て、この人について行こうと決意した、と後から聞きました。

自分を信じる覚悟を持つ

相手のことを考えて発した言葉でも、相手は責められていると取る場合もあります。相手のことを思えばこそ、言葉は慎重に選び、社員の持ち味を活かせる経営者にならなければならない――。社員の一斉退社事件をきっかけに、私はそんなふうに思うようになりました。

人間は万能ではありません。時には間違いも犯しますし、良かれと思ってしていることが相手に受け入れられないこともあります。そんな時、どこにそうさせた原因があったのかを私は考えるようにしました。その結論は「相手に」ではなく、「自分に」あることに気付きました。つまり、私の側にこだわりや押し付けがあったり、言葉が足りなかったりするなど、自分自身に非があったのです。

「私がいるからこの会社は成り立っている」と傲慢になっていた時期もありました。その傲慢な鼻をへし折られたのは、第４章で述べた倒産の危機に見舞われた時でした。

紹介されて挨拶に来た彼女を見た瞬間、ふっと「品がない」と感じたのに入社させてしまったがゆえの失敗は、私に多くの教訓を残してくれました。すべての雑念を取り払い、意識しなくてもフッと湧き上がってくる勘。多かれ少なかれ、人間ならば誰しもそのような勘を持っているはずです。その勘を信じなくなってしまうのは、社会的地位や名誉、肩書きなどの外見や見栄、売上という数値の上の欲望や雑念にとらわれている時です。

プロの詐欺師に騙されたのはフッと感じた自分の勘を信じなかったからで

すが、ある人からは「もっと自分を信じなさいよ」と言われました。「自分を信じる」と言うのは簡単ですが、これを実行するのはなかなか大変なことです。地位や名誉、肩書きを信じれば、自らに対して言い訳ができてしまうからです。しかし、生物に備わっている勘を信じて突き進めば、言い訳ができません。自己を信じるためには、すべてを自分の責任として受け止める覚悟が必要です。

「失敗」が深い学びを与えてくれる

振り返ってみると、会社の経営が順調な時はどちらかというと行け行けドンドンで、学びが薄かったように思います。しかし失敗すると、「私のどこが悪かったのだろう」「何が至らなかったのだろう」「どういう気配りが足りなかったのだろう」と、失敗の原因を深く考えるようになり、それが自己の成長につながります。

ですから人間というのは、成功した時よりも失敗した時のほうが成長の幅が大きいのかもしれません。失敗したことをどう受け止めるかによって、次にどれだけ高く跳べるかも変わってくるのではないでしょうか。

成功すると、人はだいたい「成功した」「よかった」で終わってしまいます。失敗すると、「しまった」「困った」「上司から怒られるかな」と心配になったり、「どうして自分は失敗してしまったのか」と考えたりします。

私流に言えば、考えるとはエネルギーを使うことです。失敗したことをいつまでも悔やんでいてもしかたがありません。大事なのは、その原因を作った自分の心模様を、言い訳なしでつぶさに見つめ直し、それを次にどう活かすのかです。すべてを自分の責任と受け止め、考えるエネルギーをどこまで使うかにより、その先の人生も大きく変わっていくのだと思います。

社員全員の月次レポート

経営にとって大事なのは、目標を定めることです。特に中小企業の場合は、経営者の方針を何人の社員が理解し、共に進もうという気持ちになってくれるか、が大事になってきます。議論して決めたら一丸となる。それができるかどうかで、会社は大きく変わっていきます。

慢心が招いた倒産の危機を経て、私は会社というものに対する価値観を180度転換しました。会社の価値は売上や社員数など規模の大きさで決まるのではなく、社員が「この会社に勤めて良かった」と思えるかどうかで決まると考えるようになったのです。そのためには自分一人で張り切っていてもダメで、社員と一緒に成長しなくてはならないことを知りました。

度重なる危機をきっかけに、「社員がいてくれたから吉香はここまで持ちこたえることができた」と思えるようにもなりました。出会った人と共に成長することが出会いの意義です。その一方で「自分はどれだけ社員のことを理解できているのだろうか」という疑問が、湧いてきました。

そこで始めたのが、社員全員に月１回、Ａ４用紙１枚の月次レポートを書いてもらうことでした。書式は特に定めませんでした。

「仕事を通じた人との関わり合いの中から、何に気づいたのか、何をどのように学んだのかを書いてください。失敗したことも赤裸々にどうぞ。またなぜ自分が失敗したのか、こう考え、こう行動したために失敗した、では次はどうしたらよいか……などを書いてください。後からわかったことでも併せて書いてほしい。基本的には仕事に関する報告ですが、プライベートなことであっても、私に知られていいことであれば書いてくださって結構です」と、社員に伝えました。

知りたかったのは、社員の心の変化

社員数は当時、30人から40人ほどだったでしょうか。日本人1億人以上もの中から縁あって吉香へ来てくれた人たちだと思うと、この出会いをありがたく感じました。

私に上がってきたすべてのレポートに目を通し、気になるレポートには返事を書きました。

たとえば、お客様との大事な約束を忘れてしまったとしましょう。お詫びのしかたや言葉一つで、相手の印象は変わるものです。心から申し訳ないと思えば、それを一生懸命、言葉で伝えようとしますから、相手にもその心が伝わります。どんなにその場を取り繕ったつもりでも相手に不快感が残ったとしたら、それは信頼をなくすことにつながります。

ある社員がレポートに『仕事を単に仕事と思うな、人生と思え』という言葉に出合い感動した」と書いていました。私は日頃から同趣旨のことを話していたのですが、それを実際に目にした時、私の思いが通じて良かったと思いました。その社員は前に聞いたことが脳裏に残っており、すんなりと気持ちに入っていったのでしょう。大事なことは、何度でも話しておくべきだと改めて感じました。

なかには失敗したのに、それを自分自身の「非」と認められず、言い訳ばかり書いてくる社員もいました。そんな時にはできるだけ時間を作り、その社員と話し合いをしました。

私自身がそうであったように、失敗を他者の責任に転嫁しているうちは成長できません。失敗を失敗と素直に認め、自分自身の非を冷静に見つめ直した時に初めて、人は成長できると思います。失敗の原因を他者に転嫁している社員がいたら、「もしかすると本当の原因は自分にあったんじゃないか？」と、繰り返し問うように求めました。

失敗した原因をとことん突き詰めていくと、その際、自分自身がどのような価値基準で判断をしたのかも見えてきます。冷静に自分自身を見つめれば、どのような価値基準で判断した時にうまくいき、逆にどうした時はうまくいかなかったのか、もわかるようになります。

月次レポートで知りたかったのは、そうした社員の心の変化でした。

「知る」と「解る」は雲泥の差

昨今は情報社会ですから、多くの人はたいていのことを頭では知っています。インターネットを使えば情報はいくらでも集められますから、情報の多《た》寡《か》そのものにそれほど大きな価値はなくなってきています。

しかし「知る」ことと「解《わか》る」ことの間には雲泥の差があります。日本語には、「納得がゆく」「合点がゆく」という意味で「胃の腑に落ちる」という言葉がありますが、まさに胃の腑に落ちた時に初めて知識が身につき、「解った」と言えるのではないでしょうか。

商売をしていれば、ともすると価値基準の中心が「目先の損得」になりがちです。私はそれを「礼儀」「恩義」を中心に据えられるような社員教育に力を注ぎました。月次レポートの提出も、そうした社員教育の一環です。

書くことにより人は思考を整理できますし、自分自身を客観視することができるようになります。「心と体は習慣が作る」と申しますが、書き続け、考え続けることにより、その人の思考の道筋が作られていきます。

会社の価値基準を「損得」ではなく、「礼儀」「恩義」に置き換えた成果は、次第に目に見える形となって現れ始めました。月次レポートを始めてしばらく経ってからのことです。新しく中途で入った社員がこう言いました。

「この会社ではみなさん、本当によく『ありがとう』っておっしゃいますね」

それを聞いて、私は心の底から嬉しく思いました。

「ありがとう」という言葉には感謝の気持ちが込められています。「有り難い」は、難が有ると書きます。難を厭わず、それを成長のチャンスと有り難く受け取る人が成長できるのです。

また「ありがとう」と言われて嫌な気持ちになる人はいないでしょう。何かしていただいたら、必ずお礼に「ありがとう」と言いましょう、というのを自分にも社員にも毎日のように言い聞かせていましたから、「ようやく定着してきたな」と思ったのを覚えています。

恒例行事の社員旅行

会社の価値基準を「損得」ではなく「礼儀」「恩義」へと置き換えていく過程では、必然的に社員と共に過ごす時間も増えました。昔からよく「同じ釜の飯を食う」といいます。業務時間内はみな忙しいですから、業務時間外に食べたり飲んだりしながらゆっくり話をしたことが、結果的には良かったと思います。

なかでも私が有効だと感じたのは、恒例行事の社員旅行です。

社員旅行で行った沖縄・首里城で記念撮影

吉香の場合、社員旅行はその年の行事委員が企画します。行事委員は各部から一人ずつ、3、4人のメンバーで構成します。私は「予算はだいたいいくらまで」ということだけを伝え、あとは行事委員に任せていました。

業務の性格上、24時間365日体制で動いていますから、全員が一斉に揃うことはできません。そこで、社員旅行に関しては、金・土・日組と土・日・月組に分かれて出発しました。こうすることにより日曜日には全員が顔を揃えることができるからです。私は最初から最後までつきあいました。

観光地を巡ったり、麦わら帽子を被ってみなで一緒に農業体験をしたり……。旅に出ると、ふだんオフィスで見るのとは違う側面が見えることもあり、社員を深く知る上ではとてもいい機会だったと思います。お酒を飲んで砕けた雰囲気を演出し、ふだんは言いにくいことでも言いやすい雰囲気を作るなど、工夫もしました。

また人によって、「打たれ強い人」と「打たれ弱い人」がいます。社員を叱る場合、すぐにクヨクヨする人を強く叱ってしまうと、立ち直れなくなる

社員と共に農業体験

ことがあります。そういう場合、打たれ強い人を代わりに叱り、「じつは○○さんのことを叱りたかったのだけれど、代わりにあなたを叱ったの。ごめんなさいね」と後から謝りました。すると、その社員が私に代わり後日、「社長は、本当はあなた（○○さんを指す）のことを言っていたのだよ」と伝えてくれて、社員教育が浸透しました。

長年勤めた元社員は「社長は怖かったけれど、同時にやさしさも感じた」と言ってくれました。社員を叱っても、5、6秒経つと叱ったことを忘れたかのように、「そういえばあの件、どうなった？」とふつうに話しかけるのが通常でした。

「社長があっけらかんとしていたことも、社員にとってはありがたかった」という元社員もおりました。

電話一本が大きな差を生む

ある時、若い女性経営者Sさんが人を介して当社に来られ、「紹介してほしい」というので、その希望に添うAという会社を紹介したことがありました。しかしその後、彼女からは一本の電話もなく、どうしたのかしらと思っていたある日、紹介先のA社の人から「Sさんの言われた通りにやってあげたよ」との経過を知らされました。その後も、Sさんからは何の連絡もなく、「経過報告の電話一本でよいのに礼儀に欠けた人だな」と思ってしまいました。

Sさんが経営する会社は一時、急成長で事業を拡大して大きくなりましたが、５〜６年経つと名前も聞かなくなりました。当然の帰結だと感じました。

どなたかに人を紹介していただいたら、紹介先を訪問した後、すぐにご報告する。これは社会人としての礼儀です。私は新しい社員と一緒に営業先を訪問した場合、ビルを出たらすぐ電話の報告をする姿を見せるために、その場で紹介者に電話をかけるようにしています。そういう姿を社員に見せることで、私なりに社員教育をしてきたわけです。

たった一本、電話をかけるだけでいいのです。紹介してくださった方は、「あの件はどうなったのだろう」と気にしていたはずです。それをそのまま連絡もせずに放置したのでは、礼儀に欠け、信用も失うことになるでしょう。

相手の方は私を信用し、ご自分の名にかけて人を紹介してくださったのです。それに対して心から感謝していれば、「すぐに結果をご報告しよう」となるはず。それをグズグスしていて、紹介された方から紹介者へ訪問したことが伝わるなどしたら失礼にあたります。

一本の電話。それだけでも積み上げるとやがて大きな差を生みます。

礼儀を重んじたからといって、すぐに売上が伸びるということはないでしょう。しかし仕事の基本は信用です。礼儀を重んじる姿勢は周囲にじわじわと浸透し、その方の信用となって跳ね返ってくるのです。

長期的な信用を得たければ、まずは礼を欠かさないことだと思っております。

会社に入れていただいた、という気持ちで

近年、ビジネスのハウツーを学ぶ方法や手段はいくらでもあります。しかしいくらハウツーを学んでも、精神性に問題があったら、何かの拍子にすべてが根幹から崩れてしまいます。最近は人としての筋道や礼儀、秩序といった根本を学ぶ場が少なくなってきたのではないか、と心配しています。

新入社員相手に「社会人としての常識」を伝える時、私はまず「感謝が先です」という話をします。感謝の心を持つことができる人と、いつも心のどこかに不満を持っている人とでは、年齢と共に人相にも差が出てきます。当然、感謝の心を持つ人はとても爽やかで美しく、気品さえ感じられるような表情になっていきます。不満ばかりの人は逆に貧相になっていきます。

次に大事なことは「会社に入れていただいた」という気持ちを持つことでしょう。

これに関連した思い出があります。会社設立2年目に入社し、最後は常務となって退職した下里明子さんに関する思い出です。下里さんは最後までナンバー2として私の力になってくれました。

ある時、彼女が私に怒られて「会社を辞めたい」と思ったことがあったそうです。そのことを家に帰ってお母様に話したら、「あなたが1回や2回辞めたいと思っている間、社長は10回や20回は辞めてほしいと思っているものよ」と言われたそうです。

通常、母親は自分の娘かわいさに自分の娘をかばいます。しかし彼女のお母様は自分の娘をかばうのではなく、社長の私の気持ちを慮ってそのように言ってくれたと聞きました。我慢をすることも娘のためだという深い親の愛。家庭教育の重要さを改めて考えさせられました。私はその想いに感謝し、下里さんに勤続祝いを渡す際に、お母様にもささやかなプレゼントを用意し、感謝の思いを伝えました。

挨拶ひとつが空気を変える

元気の良い挨拶や言葉はとても大きな意味を持ちます。教室でも職場でも、どなたかが「おはようございます」と元気な声で入ってきたら、周りが一気に明るくなった経験をお持ちの方も多いと思います。もしも、それに対してどなたも返事をせず黙っていたら、なんとなく空気が淀んでしまいます。反対に、みなさんが「おはようございます」と元気に返せば、全体の空気はますます明るく、弾んでいきます。

人間の言葉にはこのように、目に見えない大きなエネルギーが秘められています。挨拶をし合うのは、見えないエネルギーの循環を良くするものだと考えてみてはどうでしょうか。

気分が明るければ仕事も進みます。挨拶ひとつが職場の空気を変えるのです。当社でもそうですが、一人でも不機嫌な人がいると、その部署は暗く、みんな遠慮するように静かで元気がなくなります。また言葉は発せずとも「自分は不機嫌だぞ」という気をプンプン発散している人がいたら、それだけで職場の空気は悪くなるものです。

自分ひとりくらい不機嫌でも構わないと思っている人がいるとしたら、その不機嫌が周りの方に迷惑をかけていることを知るべきです。

心からの明るい挨拶は周りを変えていく力を持っています。みなさんの周りが変われば、会社が変わります。会社が変われば日本が変わります。

このように、見えないエネルギーが循環し、社会が形作されていくのです。

調和は大人の知恵である

ともすると独りよがりになりがちな男性社員がいました。その彼がある時、周囲の協力を得て大きなプロジェクトを成功させました。この時、彼は調和がいかに大事で、それがあれば1プラス1が2でなく、3にも5にもなり得ることを知ったといいます。

私はよく社員に対して「人間には器があり、その人の器に合った仕事が与えられる。自分の人間としての器が広がった分、それにふさわしい仕事ができるようになる」「誰しも一人では仕事はできない。他の人と調和することが常識ある社会人の行動であり、大人の智恵だ」などと話し続けてきました。調和することの大切さを知ったその男性社員は、それによって自分自身の器を広げることができました。そしてそれはとても大きな喜びの体験であり、仕事上の自信にもつながりました、と話してくれました。

「私なりに精一杯やりました」「私なりに努力しました」という言葉を、よく耳にします。これらはとても響きの良い言葉です。でもこの言葉は、どこに基準を置いているのでしょうか。それは自分です。しかし自分に基準を置くということは、そこで止まってしまうことです。会社に入って間もない新入社員が、「私なりに」「自分なりに」などと言ってそこに止まっているのはとても危険なことです。ともすると、それはできないことへの言い訳になります。それはある種の傲慢《ごうまん》や横着にも通じます。

若い時はちょっとできた程度で満足せず、どんどん、たくさん吸収すべきです。いろんなことに対して集中し自分を磨いていけば、だんだんと自分の器が大きくなり、それに伴って仕事の幅も広がっていきます。そうなれば、少しずつ本物の自信が芽生えてくるものです。

自分磨きで器が大きくなれば、お客様や周りの方からの信頼も増し、発言の一言ひとことに重みが出てくるようにもなります。

プラスの中にマイナスの種、マイナスの中にプラスの種

もしも何かに行き詰まったら、「プラスの中にマイナスの種が、マイナスの中にプラスの種がある」と考えてみてはどうでしょうか。私はこのことをある勉強会で教えていただいたのですが、「なるほど」と思いました。

プラスの中にマイナスの種があり、マイナスの中にプラスの種があるとい

うことは、プラスにもマイナスにも「学び」のヒントがある、ということです。「好事魔多し」といいますが、プラスを単なる「良いこと」と考えていると、そこで安住してしまい、ともすれば「私は凄い」と傲慢になってしまいます。そうすると進歩は止まり、むしろ後退してしまいます。

ここで謙虚になるには、「プラスの中には必ずマイナスの種がある」と思うことです。

マイナス、つまり良くないことが起きた場合、「どうしてこんなことになったのか」「そうなった原因はどこにあるのか」「あの時、ああ考えたのが良くなかったのだろうか」と、いろいろ思いを巡らし、反省し、その後は二度と同じ過ちをしないと心に誓うはずです。

そう考えるとマイナス、つまり仕事上の失敗も自分の至らなさを教えてくれる、とても良い材料だとわかります。何かつらいことがあった場合もすぐに落ち込んだり、短気になったりせずに、ご自身を大きくするチャンスだと思うべきです。

「プラスの中にマイナスの種が、マイナスの中にプラスの種が」と考えることで人間は少しずつ変わっていくことができ、深みのある魅力的な人間になっていくことができます。

失敗し、つらいことを経験すれば、人様の心の痛みや悩みを理解できるようになります。これはすなわち、それだけ人間としての器が大きくなったということです。

よく「神は乗り越えられない試練を与えない」という言葉を聞きます。人間は「乗り越えられる力」を持っているからこそ、自分自身がその試練を引き起こす、と思うべきです。

忍耐の裏にあるのは希望です。

他人は自分の合わせ鏡と心得る

他人のことが気になりあれこれ言いたくなるのは、自分の器がまだ小さいからです。自分の中に同じ要素があるからこそ、他人のことが気になるのです。相手のことを合わせ鏡だと思ってみれば、そこにヒントが隠されています。相手に変わってほしいと思うのであれば、まず自分が先に変わるように努力すべきです。

また仕事もそうですが、何事も「やらされている」と思ったら、なんの進歩もありません。幸せは自分で作るものです。自分で自分を磨いて、自分自身のレベルを自分で上げていくのです。

あるオペラ歌手がテレビでこんな話をしていました。「人に聞かせようと思っていた時は、本当には歌えなかった」と。見栄や体裁に気を取られ、賞賛や評価を意識しすぎれば、歌は感動を呼びません。しかしどう思われてもいいと吹っ切れて歌った時、聴衆は涙して聞いてくれた、ということでした。「人をなんとかしたいと思っていたのは思い上がりだった」とそのオペラ歌手は思ったそうです。力が入っていた時には聞いてもらえなかった歌が、力が抜けた時、初めて聞いてもらえたのです。仕事も同じだと思います。

「よく思われたい」ではなく、まずは素直な気持ちで謙虚に進むべきです。人間というものは本来、円のように滑らかなものなのに、自分が見栄や体裁にこだわると、たくさんの角をつけて人と接してしまいます。謙虚になるとあちこちの角が取れ、本来の滑らかな自分が表れます。

他人のことが気にならなくなる一番いい方法は、目的を持って生きることです。目的を持つと人間は一生懸命になり、その目的に向かって一心になりますから、余計なことを考えている時間がなくなります。

目的は知らず知らずのうちに自分を導いていってくれます。目的があれば1日の目標、1週間の目標、1ヵ月の目標、1年の目標というように、節目ごとに目標を持って進めるようになります。目標を持って過ごすのと、目標を持たずに過ごすのとでは、後に大きな差が出てきます。

自分の器を広げる努力を続けよう

社員には折に触れ「自分の器の大きさにあった仕事ができるはずだ」と話してきました。人間には長年の癖や思考の道筋があり、それを超えて自分の器を広げていくのは苦しいことですが、でもその苦しさを乗り越えていくたびに視野が広がり、心が豊かになり、幸せを感じられるようになります。

仕事に行き詰まり悩んだら、自分の器を広げ、飛躍する大きなチャンスだと思ってみてください。常に学ぶという心を持ち、単に頭で理解するだけではなく、実践すること、それが自分自身の人間性を高め、ひいては仕事の幅を広げることにもつながります。

この世に奇跡があるとしたら、それは人と人との出会いです。この本を手にとってくださった方との出会いもまさしく奇跡であり、大事にしたいと思っています。

会社では時にはあえて厳しいことも申しましたが、それは社員にも心豊かに有意義な人生を送ってほしいと願っていたからです。読者のみなさんもどうか、いつまでも挑戦し続ける姿勢を持ち続けてほしいと思っています。

せっかく生まれてきた人生なのですから、自分自身を信じ、伸ばし、命を
花開かせていこうではありませんか。

おわりに

繰り返しになりますが、この世に奇跡があるとしたら、人と人との出会いだと言います。私は本当にたくさんの素晴らしい方々にお会いできたと感謝でいっぱいです。また本を書き残すような機会が訪れるとは考えてもいなかったことから、何の資料も残しておりませんでした。ここに書かせていただいた方たちだけでなく、まだまだたくさんの方々にお世話になりましたのに、お伝えできないことが残念でなりません。私に関係してくださいましたすべての方々に心からの感謝を申し述べたいと思います。

最後にお伝えしたいのは、起業して10年以上経ったある年のことです。

田中派の新年会の席で田中角栄先生が私と、自らのご長女のことを念頭に「彼女と、うちの眞紀子が男だったらよかったのになぁ」とおっしゃったそうです。

「そうらしい」と伝聞でお伝えするのは、私はこの話を現場にいた記者さんから聞いたからです。

田中先生は「いつか彼女は女総理になるかもしれないよ」と笑って付け加えられたそうです。石原慎太郎先生も10年ほど前、私も出席した講演会で同じように話してくれました。しかし、先生方のご期待には添えませんでした。「序章」で述べました通り、起業した最初の年に田中先生からかけられた言葉を胸に事業を続けて参りました。常々そのご恩を感じていましたから、事業が軌道に乗ってから、4～5ヵ月に一度くらい、文京区目白の田中邸へ挨拶に伺っていました。

伺ってもただ挨拶をするだけで特別、何かを話すというわけではありませんでしたが、それでも先生にお目にかかれるということが、私にとっては大きな心の支えでした。

田中先生が脳梗塞で倒れる13日前、正確に言うと1985年2月14日のバレンタインの日に目白邸を訪れました。竹下登先生を中心に「創政会」ができたばかりの頃で、田中先生としては一番つらい時期だったと思います。

先生の前には大好きなオールドパーとグラスが置いてあり、ふつうに前を向いていたら見えないのではないかというくらい、まぶたが腫れ上がっていました。思わず、「先生、大丈夫ですか?」と声をかけてしまいました。

先生はテーブルの上に肘をつき「俺はなぁ……」とひとことおっしゃると、こう続けました。

「今まで生きてきてよう……」

噛みしめるような言葉の後、しばらく沈黙が続きました。

「信じられるのはなぁ……」

またしばらく黙って、

「2、3人だよ……」

その言葉を聞いた瞬間、私は胸が詰まりました。

その日に限って、先生は秘書に「写真屋を呼べ」と言い、応接室で一緒に写真を撮ってくださいました。

偶然にもその写真が郵送で届いたその日（1985年2月27日）に先生は脳梗塞で倒れました。そして先生はその後、闘病生活を続けましたが、1993年12月16日、帰らぬ人となってしまいました。


会社を立ち上げてから36年経ったある日、新潟へ行く用事がありました。田中先生に、今までの御礼と社長を退任する報告しようと思い、生家を訪ねました。中には入れませんでしたが、お墓のある方向に向かって手を合わせ、「おかげさまでここまで無事にやって来られました。先生の励ましのおかげでした」と感謝の想いを伝え、近況を報告しました。

お参りした後、連れて行ってくださった方が車を取りに戻られている時、先生宅の裏山に通じる道を帰ろうとした際、上から何かブーンというような音が聞こえてきました。見上げると、飛行機雲のように真っ白い雲が縦に立ち、その雲の間に、等間隔で電球が点《つ》いているかのようにピカピカと光っていました。戻ってきた方に「あれは何？」と尋ねて見上げた時にはすでに消えて見えませんでした。

その方は、先生が「わかったよ！」とサインを送ってくれたのではないかと言ってくれましたが……。

創業の年、田中先生からいただいたひとことをきっかけに、自分もいずれ若い人の力になれる人間になろう、それが田中先生への恩返しだと思って仕事を続けてきました。退職した元社員から「あれだけ教育熱心にやってくれる会社は他にはない」と言われたことが、一番の誇りです。また、退社した後、何人かは再び自ら戻って当社で働いてくれてもいます。

振り返れば、山あり谷ありの人生でした。人を信じ、人から騙されもしましたが、経営者として生きてこられたおかげで、私は素晴らしい方々にたくさん出会うことができ、意義深い人生を歩んで来られたと思っています。

紙面に書けないほど、もっともっとたくさんの方々にお世話になりました。初めてのことゆえに、書きもらしたところも多々ありますが、その点、本当に申し訳ないと思っております。また出版にあたり株式会社ウィザス社長の生駒富男氏の協力をいただき、中央公論新社の三木哲男氏、山田有紀氏、川口由貴氏、また渡部許子氏には慣れない執筆に際して大変お世話になりましたことに、心から感謝申し上げます。こうしてご縁をいただきました皆様お一人おひとりに感謝しながら、改めましてすべての出会いに心から感謝をし、筆を置きたいと思います。

本文中の人物の肩書きは当時のものです。

吉川 稲

埼玉県生まれ。1967年4月より内閣総理大臣・佐藤栄作事務所に秘書として勤務。79年6月に吉香を創業、社長に就任。90年8月、衆議院議員会館に「外国語センター」開設。91年7月、世界平和文化交流会を設立、理事長に就任。東京商工会議所議員、東京経営者協会政策委員、全国商工会議所女性会連合会会長、関東・東京商工会議所女性会会長などを歴任。16年8月、(株) 吉香会長に就任。

女《おんな》ひとり永田町《ながたちょう》を走《はし》り続《つづ》けて50年《ねん》
――角栄《かくえい》、慎太郎《しんたろう》、ゴルバチョフから学《まな》んだ智恵《ちえ》

2020年3月25日 初版発行

著 者 吉《きっ》川《かわ》 稲《いね》

発行者 松田陽三

発行所 中央公論新社

〒100-8152 東京都千代田区大手町1-7-1
電話 販売 03-5299-1730 編集 03-5299-1740
URL http://www.chuko.co.jp/

DTP 嵐下英治
印 刷 図書印刷
製 本 大口製本印刷

Published by CHUOKORON-SHINSHA, INC.
Printed in Japan ISBN978-4-12-005289-7 C0095